中等职业教育改革创新示范教材
全国职业教育城市轨道交通专业规划教材

Chengshi Guidao Jiaotong Fuwu Liyi

城市轨道交通服务礼仪

高　蓉　主　编
单　侠　副主编
王　英　主　审

人民交通出版社

内 容 提 要

本书是全国职业教育城市轨道交通专业规划教材。主要内容包括：城市轨道交通服务礼仪概述、城市轨道交通客运服务人员的基本礼仪、城市轨道交通车站客运服务、城际轨道交通客运服务及乘客投诉处理，共五个单元。

本书是城市轨道交通专业核心教材，可供高职、中职学校教学选用，也可作为城市轨道交通行业岗位培训或自学用书，同时可供城市轨道交通行业的服务或管理人员学习参考。

图书在版编目(CIP)数据

城市轨道交通服务礼仪 / 高蓉主编. —北京：人民交通出版社，2011.6

ISBN 978-7-114-09152-0

I. ①城… II. ①高… III. ①城市铁路 - 铁路运输 - 服务人员 - 礼仪 IV. ①F530.9

中国版本图书馆 CIP 数据核字(2011)第 096199 号

中等职业教育改革创新示范教材
书　　名：城市轨道交通服务礼仪
著 作 者：高　蓉
责任编辑：郝瑞苹
出版发行：人民交通出版社
地　　址：(100011) 北京市朝阳区安定门外外馆斜街3号
网　　址：http://www.ccpress.com.cn
销售电话：(010)59757973
总 经 销：人民交通出版社发行部
经　　销：各地新华书店
印　　刷：中国电影出版社印刷厂
开　　本：787 × 1092　1/16
印　　张：7.25
字　　数：143千
版　　次：2011年6月　第1版
印　　次：2021年10月　第15次印刷
书　　号：ISBN 978-7-114-09152-0
定　　价：30.00元

出版说明

随着我国城市化进程的快速发展，城市交通拥堵问题日益严重。大力发展城市轨道交通已成为解决城市交通问题的重要手段。截至2010年11月，国务院已批准29座城市的轨道交通建设规划。另有多座城市的轨道交通建设规划正在审批中。我国城市轨道交通建设已进入快速发展时期。

由于全国大部分城市轨道交通建设起步较晚，项目建设规模大，速度快，致专业人才供不应求，运营管理、驾驶、检修岗位的初中级人才短缺尤为突出。各地职业院校纷纷开设了城市轨道交通相关专业，轨道交通专业培训教材也陆续出版。但目前已出版教材存在体系不完善、教材内容侧重岗前培训、理论叙述过多等缺点，不适合职业院校教学使用。

为促进和规范轨道交通行业职业教育教材体系的建设，适应目前职业教育"校企合作，工学结合"的教学改革形势，人民交通出版社约请北京交通运输职业学院、南京铁道职业技术学院、上海交通职业技术学院、湖南铁道职业技术学院一线资深教师联合编写了"全国职业教育城市轨道交通专业规划教材"。2010年推出其中7种：

《城市轨道交通概论》

《城市轨道交通客运组织》

《城市轨道交通行车组织》

《城市轨道交通运营安全》

《城市轨道交通车辆及操作》

《城市轨道交通信号与通信系统》

《城市轨道交通供电技术》

为完善课程体系，我社进一步扩大作者范围，整合编写资源，邀请北京市地铁运营有限公司、北京京港地铁有限公司、哈尔滨铁道职业技术学院、武汉铁路职业技术学院、成都铁路运输学校、西安科技商贸职业学院、北京外事学校等企业、院校加入原编写团队，共同编写以下11种教材，于2011年陆续推出。

《城市轨道交通专业英语》

《城市轨道交通票务管理》

《城市轨道交通服务礼仪》

《城市轨道交通车辆电器》

《城市轨道交通电工电子技术及应用》

《城市轨道交通车站设备》

《城市轨道交通运营管理规章》
《城市轨道交通控制系统》
《城市轨道交通车辆检修》
《城市轨道交通车辆检修实训》
《城市轨道交通接触网维护》

本套教材突出了职业教育特色,围绕职业能力的形成组织课程内容;教材内容先进,总结了北京、上海、广州等地的地铁运营管理经验;侧重实际工作岗位操作技能的培养;理论知识的叙述以应用为目的,以够用为尺度;教材编写充分考虑了职业院校学生的认知特点,文字简洁明了,通俗易懂,版式生动活泼,图文并茂;每单元后附有复习题,部分章节附有实例。

为方便教学,本套教材配套有教学课件,读者可于人民交通出版社网站免费下载。

希望该套教材的出版对职业院校轨道交通专业教材体系建设有所裨益。

人民交通出版社
2011 年 6 月

前　言

目前，我国的城市轨道交通正处在快速发展时期，据不完全统计，现已开通运营、在建和正在规划建设城市轨道交通的城市已达40多个。城市轨道交通的大规模发展，造成城市轨道交通行业专业技术人员、管理人员和技术工人的严重匮乏，这对轨道交通专业院校也提出了越来越高的要求。

为适应目前职业教育"校企合作，工学结合"的人才培养模式，本书由具有丰富轨道交通岗前培训经验的教师和地铁一线的工作人员编写，针对城市轨道交通运营企业的岗位需求，系统阐述了城市轨道交通客运服务与礼仪的相关内容。

在编写过程中，强调以能力培养为本位，结合教学实践，在阐述了城市轨道交通客运服务与礼仪基本要求的基础上，增加了礼仪实训与指导，融入大量的案例分析和实际问题处理，侧重培养学生解决实际问题和拓展思考的能力。其中，"城市轨道交通客运服务人员的基本礼仪"单元，由北京外事学院的老师编写，突出了礼仪实训的具体环节和指导；"城市轨道交通车站客运服务及乘客投诉"等单元由北京交通运输职业学院和地铁一线工作人员编写，阐述了城市轨道交通各个岗位车站客运服务的具体内容和常见问题处理，对城市轨道交通专业的师生和从业人员有一定的指导作用。

本书的编写采取校企合作的方式，得到了北京地铁、京港地铁、广州地铁、上海地铁、北京交通运输职业学院、上海交通职业技术学院等单位的大力支持，还引用了大量国内外作者发表的有关城市轨道交通的文献，以及北京、广州、上海、香港等城市轨道交通企业的运营资料和相关文献。在此谨向有关专家及部门致以衷心地感谢。

本书由北京交通运输职业学院的高蓉老师主编并负责全书的统稿工作，北京外事学校的单侠老师担任副主编，北京京港地铁有限公司王英担任主审。具体分工如下：许思莹（中国民用航空局）、高蓉编写单元1；单侠编写单元2；高蓉编写单元3、5；徐梦（济南铁路局）编写单元4。为了方便教师和学生，本书还配有电子课件，可于人民交通出版社网站下载使用 。

由于编者水平有限，书中不足之处，敬请读者批评指正。

编　者

2011年5月

目　录

单 元 1

城市轨道交通服务礼仪概　　述

教学目标

1. 了解城市轨道交通服务礼仪的作用与基本原则；
2. 了解城市轨道交通服务人员的礼仪素养；
3. 了解城市轨道交通服务人员的素质要求。

建议学时

2 学时

1.1 城市轨道交通服务礼仪的作用与基本原则

一 服务礼仪的概念和内涵

1 服务礼仪的概念

礼仪的“礼”表示尊重，即在人际交往中既要尊重自己，也要尊重别人，是一种待人接物的基本要求。礼仪的“仪”字表示仪式，即尊重自己、尊重别人的表现形式。礼仪就是律己、敬人的一种行为规范，是表现对他人尊重和理解的过程和方式。它是指为人们所认同，又为人们所遵守，是以建立和谐关系为目的的各种符合交往要求的行为准则和规范的总和。

服务礼仪属于礼仪的一种，是指在各种服务工作中形成的，得到共同认可的礼节和仪式，是服务人员在服务过程中恰当表示对服务对象的尊重和与服务对象进行良好沟通的技巧和方法。

2 服务礼仪的内涵

服务礼仪的内涵主要体现在以下三点：

(1)服务礼仪是服务工作的规范或准则，它表现为一定的章法。所谓“入乡随俗，入境问禁”，即在进入某一地域之前，应先对该地域的习俗和行为规范有所了解，并按照这样的习俗和规范去行动。

(2)服务礼仪是一定社会的人们的约定俗成。在社会实践中，礼仪往往首先表现为一些不成文的规矩、习惯，然后才逐渐上升为公众认可的，可以用语言、文字、动作来做准确描述和规定的行为准则，并成为人们有章可循、可以自觉学习和遵守的行为规范。

(3)服务礼仪是一种和谐的人际关系。讲究礼仪的目的是为了实现社会交往各方的互相尊重，从而达到人与人之间关系的和谐。在现代社会，礼仪可以有效地展现施礼者和受礼者的教养、风度与魅力，它体现着一个人对他人和社会的认知水平、尊重程度，是一个人的学识、修养和价值的外在表现。一个人只有在尊重他人的前提下，自己才会被他人尊重。人与人之间的和谐关系，也只有在这种互相尊重的过程中，才会逐步建立起来。

二 城市轨道交通服务礼仪的作用

城市轨道交通服务礼仪是运营企业员工在工作岗位上通过言谈、举止等对乘客表示尊重和友好的行为规范。它是轨道交通优质服务的重要组成部分，不仅有利于员工提高个人的内在修养，而且能够提升轨道交通运营企业的形象。

1 提高自身修养，改善人际关系

在人际交往中，礼仪往往是衡量一个人文明程度的准绳。它不仅反映一个人的交际技巧与应变能力，而且还反映其气质风度、阅历见识、道德情操、精神风貌。运用礼仪，不仅有益于人们更好地、更规范地设计个人形象、维护个人形象，更好地、更充分地展示个人的良好教养与优雅风度；而且可以使个人在交际活动中充满自信，胸有成竹，更好地向交往对象表达自己的尊重、敬佩、友好与善意，增进彼此之间的了解与信任。

2 提升企业形象，提高乘客满意度

应用好服务礼仪能够提高乘客满意度，减少投诉的发生。城市轨道交通客运服务人员每天要面对成千上万不同年龄、不同性别、不同性格和不同文化的乘客，每天都要与陌生人沟通。面对同样的问题，有些服务人员无法平息乘客的怒气，有些服务人员却能三言两语把问题处理得很妥当，这就是服务礼仪的魅力。

三 城市轨道交通服务礼仪的基本原则

1 尊重

孔子说："礼者，敬人也"，这是对礼仪核心思想的高度概括。所谓尊重原则，就是要求在服务过程中，要将对客人的重视、恭敬、友好放在第一位，这是礼仪的重点与核心。因此在服务过程中，首要的原则就是敬人之心长存，掌握了这一点，就等于掌握了礼仪的灵魂。在人际交往中，只要不失敬人之意，哪怕具体做法一时失当，也容易获得服务对象的谅解。

2 真诚

服务礼仪所讲的真诚原则，就是要求在服务过程中，必须待人以诚，只有如此，才能表

达对客人的尊敬与友好，才会更好地被对方所理解，所接受。与此相反，倘若仅把礼仪作为一种道具和伪装，在具体操作礼仪规范时口是心非，言行不一，则有悖礼仪的基本宗旨。

3 宽容

宽容原则的基本含义，就是要求在服务过程中，既要严于律己，更要宽以待人。要多体谅他人，多理解他人，学会与服务对象进行心理换位，不求全责备，咄咄逼人。

4 适度

适度原则的含义，就是要求应用礼仪时，为了保证取得成效，必须注意技巧，合乎规范，特别要注意做到把握分寸，认真得体。凡事做过了头，或者做不到位，都不能正确地表达自己的自律、敬人之意。

5 “乘客至上”

轨道交通运营企业是从事客运的服务行业，其生产效能是满足人们的出行需要，具有鲜明的社会服务特点。运送对象是乘客，摆正自己与服务对象的关系位置，确立“服务为本，乘客至上”的道德意识，讲求服务信誉，千方百计维护乘客利益，全心全意为乘客服务，是轨道交通职业道德的核心。

1.2 城市轨道交通服务人员的礼仪素养

一 亲和的微笑

微笑是人际交往中最富有吸引力、最有价值的面部表情，是打开人与人心扉的通用语言。对轨道交通服务人员来说，微笑不仅是自身文化素质和礼貌修养的体现，更是对乘客的尊重与热情的体现。

1 亲和的微笑可以改善服务态度，提高服务质量

微笑对乘客的情绪有主动诱导的作用，乘客的情绪往往受服务人员态度的影响。在服务交往中，由于微笑的表情，服务人员很自然地使用温和的语调和礼貌的语气，这不仅能引发乘客发自内心的好感，有时还可稳定乘客焦虑急躁的情绪，使乘客在整个交往过程中感到轻松和愉快。

2 亲和的微笑可以拉近和乘客间的距离

客运服务人员的微笑可以从情感上拉近与乘客的距离。当乘客遇到问题或困难时，就会很自然、很及时地提出，这有助于服务工作有的放矢地展开，避免一些小问题或困难不能被发现和解决，从而直接影响服务质量。

3 微笑能带来良好的首因效应

首因效应又称第一印象，是指第一次交往过程中形成的最初印象。它具有先入为主的特点，不仅影响乘客的心理活动，而且影响服务交往，有时甚至影响服务工作的顺利进行。一旦乘客对服务人员产生了不良的第一印象，要改变它是十分艰难的，往往要付出比先前多出几十倍的精力。所以在与乘客初次交往时，微笑迎客是相当必要的，它能快捷地使服务人员与乘客的关系变得融洽，收到事半功倍的效果。

4 微笑的基本原则

(1)主动微笑的原则。在与乘客目光接触的时候，首先要向乘客微笑，然后再开口说话，主动创造友好、热情的氛围。

(2)真诚微笑的原则。微笑是自内心发出的，表示对乘客的尊重和理解。

(3)眼中含笑的原则。脸上有笑，眼睛更要有笑。

案例(图 1-1)

善于利用微笑来获得成功

1919 年，美国“旅馆大王”希尔顿用父亲留给他的 1.2 万美元连同自己挣来的几千美元投资出来，开始了他雄心勃勃的旅馆经营生涯。当他的资产从 1.5 万美元奇迹般地增值到几千万美元，他欣喜自豪地把这一成就告诉母亲时，他母亲却淡然地说：“依我看，你跟以前根本没什么两样……事实上你必须把握比 5 100 万元更值钱的东西；除了对顾客诚

实之外,还要想办法使来希尔顿旅馆的人住过了还想再来住。你要想出这样简单、容易、不花本钱而行之久远的办法去吸引顾客,这样,你的旅馆才有前途。”

母亲的忠告使希尔顿陷入迷惑:究竟什么办法才具备母亲指出的“简单、容易、不花钱而行之久远”这四大条件呢?他冥思苦想,不得其解。于是他逛商店、串旅馆,以自己作为一个顾客的亲身感受,得出了准确答案:“微笑服务。”只有它才实实在在地同时具备母亲提出的四大条件。

图1-1 希尔顿酒店

从此,希尔顿实行了微笑服务这一独创的经营策略。每天它对服务员的第一句话是:“你对顾客微笑了没有?”他要求每个员工不论如何辛苦,都要对顾客投以微笑,即使在旅馆业务受到经济萧条严重影响的时候,他也经常提醒员工记住:“万万不可把我们心里的愁云摆在脸上,无论旅馆本身遭受的困难如何,希尔顿旅馆服务员脸上的微笑永远是属于旅客的阳光。”因此,经济危机中纷纷倒闭后幸存的20%旅馆中,只有希尔顿旅馆服务员的脸上带着微笑。当经济萧条刚过,希尔顿旅馆就率先进入新的繁荣时期,跨入黄金时代。

二 舒心的问候

问候是人与人见面时最初的直接接触。问候得当可以迅速表现出自己的心意与诚意,可以在最初接触时给乘客留下好印象。客运服务人员见到乘客时,应主动打招呼。一般来说,先打招呼的人会在后面的谈话交流和服务中掌握主动。

案例(图1-2)

20世纪30年代,一位犹太传教士每天早晨总是按时到一条乡间土路上散步。无论见到任何人,总是热情地打一声招呼:“早安。”

其中,有一个叫米勒的年轻农民,对传教士这声问候,起初反应冷漠,在当时,当地的居民对传教士和犹太人的态度是很不友好的。然而,年轻人的冷漠,未曾改变传教士的热情,每天早上,他仍然给这个一脸冷漠的年轻人道一声早安。终于有一天,这个年轻人脱下帽子,也向传教士道一声:“早安。”

图1-2 情景图

好几年过去了,纳粹党上台执政。

这一天,传教士与村中所有的人,被纳粹党集中起来,送往集中营。在下火车、列队前行的时候,有一个手拿指挥棒的指挥官,在前面挥动着棒子,叫道:“左,右。”

被指向左边的是死路一条,被指向右边的则还有生还的机会。

传教士的名字被这位指挥官点到了,他浑身颤抖,走上前去。当他无望地抬起头来,目光一下子和指挥官的目光相遇了。

传教士习惯地脱口而出:"早安,米勒先生。"

米勒先生虽然没有过多的表情变化,但仍禁不住还了一句问候:"早安。"声音低得只有他们两人才能听到。最后的结果是:传教士被指向了右边——是生还者。

人是很容易被感动的,而感动一个人靠的未必都是慷慨的施舍或巨大的投入。往往一个热情的问候,温馨的微笑,也足以在人的心灵中洒下一片阳光。

不要低估了一句话、一个微笑的作用,它很可能使一个不相识的人走进你,甚至爱上你,成为开启你幸福之门的一把钥匙,成为你走上柳暗花明之境的一盏明灯。有时候,"人缘"的获得就是这样"廉价"而简单。

想一想

常用的问候语有哪些?

三 整洁的仪表

客运服务人员每天都要接触成千上万的乘客,乘客对轨道交通服务第一印象的产生首先来自服务人员的仪容仪表。良好的仪容仪表,会使人产生美好的第一印象,从而对轨道交通起到宣传作用,同时还能弥补某些服务方面的不足。反之,不好的仪容仪表往往会令人生厌,即使有热情服务和一流设施也不一定给乘客留下好印象。

客运服务人员的仪表一定要整洁、朴素。整洁、朴素的仪表可以拉近和乘客的距离,带给乘客清新、健康的印象。

四 得体的语言

语言是为乘客服务的第一工具,它对做好服务工作有着十分突出的作用。得体的语言会让乘客倍感亲切,反之则会截然不同。因此,客运服务人员在工作中应做到亲切和蔼,语言文雅。

客运服务人员要善于察言观色,语言交流要针对乘客实际,要从言谈举止中迅速把握乘客的心情,要明白乘客的弦外之音,了解乘客的愿望。要尽量站在乘客的立场上说话办事,判断乘客的心理和服务需要。除此以外,服务人员需要用委婉的语气表达否定的意思。拒绝乘客时,使用否定句的影响是很强烈的,会给乘客留下不愉快的印象。

案例

在某地一家饭店餐厅的午餐时间，来自台湾的旅游团在此用餐，当服务员发现一位70多岁的老人面前的空饭碗时，就轻步上前，柔声说道：“请问老先生，您还要饭吗？”那位先生摇了摇头，服务员又问道：“那先生您完了吗？还需要什么吗？”只见那位老先生冷冷一笑，说：“小姐，我今年70多岁了，这辈子还没落到要饭吃的地步，怎么会要饭呢？我的身体还硬朗着呢，不会一下子完的。”由此可见，由于服务人员用语不合规范，尽管出于好心，却在无意中伤害了客人，这不能怪客人敏感和多疑。

1.3 城市轨道交通服务人员的素质要求

一 主动热情

日本的一家服务企业对服务员的面试十分独特，在面试时突然中断，然后安排另一个人向这名应试者询问某个问题，比如询问洗手间在什么位置。他们得到的回答通常有三种，第一种是直接回答“我不知道”；第二种回答是不知道，并说明自己的身份；第三种回答是：“对不起，我是来面试的，不过我去帮您问一下，然后告诉您。”对于第一种回答的应试者公司是不会录用的，而对于第三种回答的应试者将会安排到重要的岗位。因为，能否积极主动地提供服务是对一名服务人员的最基本的要求。

主动热情是指服务人员即使在乘客暂时不需要服务时，也要眼观六路，耳听八方，心里想着乘客、眼里看着乘客，为乘客提供服务。优秀的服务人员往往能够在乘客尚未发出“请提供服务”信息之前就能察言观色，主动服务。除此以外，客运服务人员要保持持久的热情。无论乘客如何挑剔，也无论受到了多大的委屈，始终要以积极热情的态度面对每一位乘客，这种热情要建立在以服务为荣的基础上，要记住，不能控制情绪的服务人员是肯定做不好服务工作的。

二 控制情绪

作为一名优秀的客运服务人员，应善于控制自己的情绪、约束自己的情感、克制自己的举动，不论与哪一类型的乘客接触，无论发生什么问题，都能够做到镇定自若，不失礼于人。

当乘客有不满情绪时，往往会对服务人员提出批评，这种批评可能会在不同场合以不同方式提出来。当乘客在公开场合向服务人员疾言厉声时，往往会使人难以接受。遇到这种情况，客运服务人员首先需要冷静，不要急于与之争辩，切不可针锋相对，使矛盾激化难以收拾。如果乘客无理取闹，可以交相关部门或人员解决。

当乘客不礼貌时，更要做到有礼、有利、有节地解决问题。

有礼，即临辱不怒。面对乘客的不礼貌时，客运服务人员不应生气发火，而应沉着冷静，以妙语应粗语，以豁达应愚昧，以文雅对无礼，使个别乘客对自己的行为过意不去，只有这样，才不至于使自己陷入被动的境地，才能够维护企业的窗口形象。

有利，即动之以情，晓之以理。虽然这些乘客态度生硬，但是一旦发现自己理亏，得不到大多数人的支持，还是会有所收敛。

有节，乘客毕竟是乘客，是服务对象，不能因为乘客有过错而心存芥蒂。要记住和乘客的争论最终受到损失的是企业而不是乘客，同时，对乘客的宽容也会得到回报。

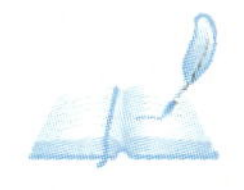

案例(图1-3)

在2005年7月的一次突发事故中，哈尔滨客运段有18次列车受阻，晚点在10个小时以上列车的就有7次。天津车队担当的大连临客，在开原站受阻4个多小时，4号车厢的乘客情绪激动。车长受到围攻和谩骂，他在这节车厢向乘客鞠躬30多次，最终感动了乘客。为了保证餐饮的正常供应，每位服务人员在早晨只喝了一碗粥，并继续为乘客提供细致的服务，这种精神感化了大家，乘客主动帮助服务人员清理车厢卫生，还组织了义务宣传队，到各车厢宣传要文明乘车，最终列车安全到达目的地。从上述事件中可以看到，在面对乘客的不满情绪和过激言行时，服务人员除了代表铁路部门进行道歉外，还需用良好的服务去稳定乘客情绪、化解矛盾。

图1-3 情景图

三 处变不惊

列车就是一个社会，各式各样的人都有，各种情况和突发事件都有可能随时发生，因此，要求客运服务人员一定要有处变不惊的能力。在面对一些喜怒无常、无理纠缠的乘客时，在遇到列车晚点、发生突发事件时，都需要客运服务人员“临变不乱”来应变各种突发状况。这就要求服务人员熟知各类应急处置预案，培养良好的心理素质。

复习与思考

1. 什么是轨道交通服务礼仪？
2. 列举轨道交通服务人员的礼仪素养。
3. 列举轨道交通服务人员的素质要求。

单 元 2

城市轨道交通客运服务人员的基本礼仪

教学目标

1. 了解城市轨道交通客运服务人员的基本仪容礼仪，掌握化妆的基本步骤和技巧；

2. 掌握城市轨道交通客运服务人员的着装规范；

3. 掌握站姿、坐姿、行姿以及手势的具体要求，并能在工作中熟练应用；

4. 掌握城市轨道交通客运服务人员的规范服务用语。

建议学时

20 学时

2.1 仪容礼仪

一 仪容修饰要求

仪容，即容貌，包括面容、发式、手部、体味和口腔卫生等。修饰仪容的基本要求是美观、整洁、得体。

1 面部要求

面部应当润泽光滑，皮肤要健康清洁。具体要求见表2-1。

面部细节的修饰规范　　表2-1

眼睛	眼角无分泌物，无睡意，不充血，不斜视，清爽明亮。不带墨镜或有色眼镜。女性不用人造假睫毛，不化烟熏妆和浓眼影
耳朵	耳朵内外干净，无耳屎
鼻子	鼻孔干净，不流鼻涕，鼻毛不外露。不要当众擤鼻涕、挖鼻孔
胡子	不得留胡须，每天刮胡子
嘴	牙齿整齐洁白，口中无异味，嘴角无泡沫；与乘客交流时不嚼口香糖；上班时不吃刺激性食物，如葱、蒜、韭菜等；女性不用深色或浓重口红
牙齿	清洁、无食品残留物

2 个人卫生

(1)每天至少刷两次牙，以保持牙齿、口腔清洁。

(2)上岗前忌食葱、蒜、韭菜之类刺激性食物。

(3)定期除掉牙齿上的尼古丁痕迹。

(4)使用清爽怡人香型的淡雅香水,避免味道浓烈刺鼻。

(5)每日要洗澡并换洗内衣,以防身体有异味。

3 手部要求

手部要清洁,不使用醒目艳丽的甲油,不留长指甲。

(1)要经常保持手部清洁,洗手后,要用护手霜以保持手部润滑。

(2)养成勤洗手、勤剪指甲的好习惯。

(3)指甲的长度要适度,以防断裂。从手心看,以不长过1mm为宜。

(4)男士如果吸烟,要除掉手上的尼古丁痕迹。

(5)不能使用假指甲或做工艺指甲。

4 体味要求

使用清新的淡香水,不宜喷洒味道过浓、气味过怪异的香水。

二 发型的修饰要求

作为轨道交通服务人员,发型的修饰要考虑对象、环境和自身特点。面对乘客时,发型要以庄重、严肃、利落大方为原则,而且还要严守本行业、本公司的特殊要求。

1 发部的整洁

服务人员的头发必须保持健康、秀美、干净、清爽、卫生、整齐,注意头发的养护、清洗、梳理。头发清洁给人留下干净卫生、神清气爽的印象。披头散发、蓬头垢面则给人萎靡不振甚至缺乏教养的感觉。因此,乘务人员无论在工作中还是交际活动中,平时都要对头发勤于梳理、清洗,保持卫生清洁。

通常情况下,男士半月理一次发,女士可根据自己的具体情况而定。夏季应当1~2天洗一次头发。

2 发部的造型选择

选择发型除了考虑个人偏好外,最重要的是要考虑个人条件和工作场合,体现和谐的整体美。面对乘客,发型的选择要以庄重、严肃、利落大方为原则。

(1)男性客运服务人员的发型选择。长短适中不宜过长,前发不要过双眉,侧发不掩耳,后发不及衣领,不留大鬓角,不要剃光头,不要过分追求时尚,更不要标新立异。刘海和鬓角不可过长,发尾不可超过衬衫领口,需要时适当涂抹摩丝。

(2)女客运服务人员的发型选择。长发:束起盘于脑后,保持两鬓光洁,无耳发。刘海可卷可直,但必须保持在眉毛上方。任何发型均应使用发胶或摩丝定型,不得有蓬乱的感觉。

(3)发型整理。发型应适合自己的脸型、风度。工作时按照规定发型梳理,不得梳各种怪异发型,严禁漂染彩色头发;只允许染成自然的黑色。

(4)佩戴帽子与发饰要求(图 2-1)。男客运服务人员帽沿边与眉毛保持水平,不露头帘。女客运服务人员帽檐在额头的 1/2 处,不露出刘海,两侧不留耳发,发花与后侧帽子边沿相贴合。发饰只宜选择黑色且无花色图案的发卡。

图 2-1　佩戴帽子的效果图

三 化妆技巧

化妆是一门艺术,需要参考职业、年龄、性格及五官特点等因素,掌握正确的化妆技巧,运用色彩等晕染方法能创造面部和谐得体的妆容效果。对于一线服务人员则要求化淡妆。化妆最好能在短时间内完成,利用自然美且能与制服相称的为最好。化妆应以淡雅、清新、自然为宜。特别是年轻人,应在如何利用自己的青春展示自然美的方面多下工夫。浓重的眼影和眼线,刺鼻的香水,都是与工作不相符合的。化妆若和制服相配,清洁、健康的化妆更能得到乘客的好感。化妆的重点是创造自然、生动、高雅的气质。而化妆品使用得当,则可加强脸部效应。

总之,美好的化妆是留给客人美好印象的第一步。在国外,正式场合中,女士不化妆会被认为是不礼貌的。

1 化妆的原则

(1)自然淡雅

淡妆不要有明显化过妆的痕迹,例如底妆厚重、色彩过白、烟熏妆、眼线过重,这样会使他人感到很不自然。总的来说,妆容应自然大方、朴实淡雅。

(2)扬长避短

职业妆适当展现自己的优点是比较好的选择。避短就是将自己面部不太满意的部位通过化妆技巧进行弥补,达到美观、自然、和谐的效果。

(3)整体协调

职业妆应使整个妆面协调，并且应与全身的装扮相协调，与所处场合、自己身份等相协调。

2 化妆禁忌

乘务人员在化妆时要避免某些不应出现的错误做法，化妆禁忌包括以下几个方面：

（1）离奇出众的创意妆。服务人员化工作妆时不能脱离自己的工作角色，不能追求怪异、神秘的妆容，使人感觉过于突出、另类。

（2）残妆示人。在工作中出汗之后、休息或用餐后妆容容易出现脱妆，以残妆示人给人懒散、邋遢之感，所以服务人员要注意补妆。

（3）当众化妆。化妆属于个人隐私，原则是在家中完成化妆过程。需要临时补妆也应在洗手间或隐蔽处。

3 皮肤保养

（1）护肤技巧

洗脸后应先用柔和的收缩水拍打脸部后涂抹润肤露；注意涂抹润肤露时要轻轻涂抹，不可推拉过重，形成皱纹。经常化妆的人，定期做一次深层清洁或全套皮肤护理，以促进新陈代谢，血液循环，以使面色红润。尽量避免在阳光下暴晒，在出门前应涂抹防晒霜。游泳时要经常涂抹高倍数防水的防晒霜，抵挡紫外线的侵害。

（2）适当运动

参加体育活动，可促进表皮细胞繁殖，使表皮形成一层抵御有害物质的天然屏障，使肤色更加健康有光泽。

（3）饮食合理

从内部给予皮肤营养，如平时要多喝水，多吃水果蔬菜等含维生素高的食品，少吃高糖、高脂、辛辣的食物。

总之，持之以恒地养成一套保养皮肤的好习惯，才是长久保持青春光彩的要点。

4 化妆的基础程序

（1）妆前准备

妆前准备的程序是：束发—洁肤—护肤—修眉。

①束发。

②清洁面部。化妆前可用温水及洗面奶洗去脸上的油脂、汗水、灰尘等，以使妆面干净光亮。

③护肤。冬季选择霜、膏类护肤品，夏季可选择乳液、水质护肤品，令肌肤柔滑，对皮肤起到保护作用。

④修眉。可用眉刀或眉钳根据自己具体的眉形进行修正,使之更加清秀。

(2)化淡妆步骤(表2-2)

化淡妆步骤　　表2-2

(1)打粉底 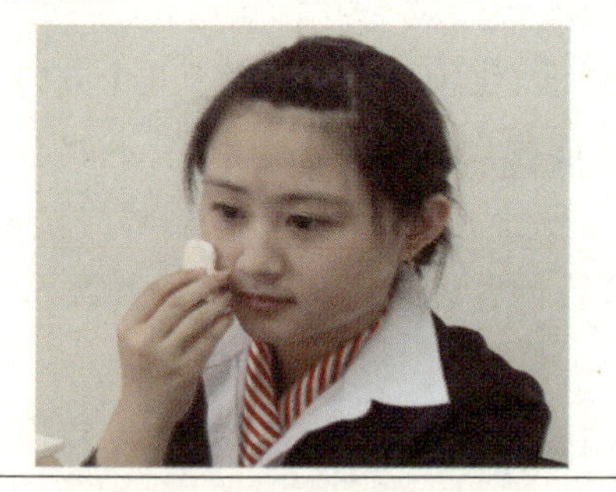	1. 粉底选择要适合自己的肤色; 2. 用海绵或手指完成打底过程,注意面部与脖子的衔接; 3. 底妆要达到调整肤色、遮盖瑕疵、皮肤光亮的效果
(2)眼部化妆 	1. 服务人员眼部化妆以浅咖啡色、淡蓝色为宜,睫毛膏以黑色、深棕色为宜; 2. 画眼线时要贴着睫毛根部描画,淡妆眼线稍细些; 3. 刷睫毛时先将睫毛用睫毛夹夹翘,然后均匀涂抹睫毛膏,刷好后的睫毛不宜粘连; 4. 妆后要注意检查自己的妆容是否完好,眼线、眼影是否脱落
(3)画眉毛 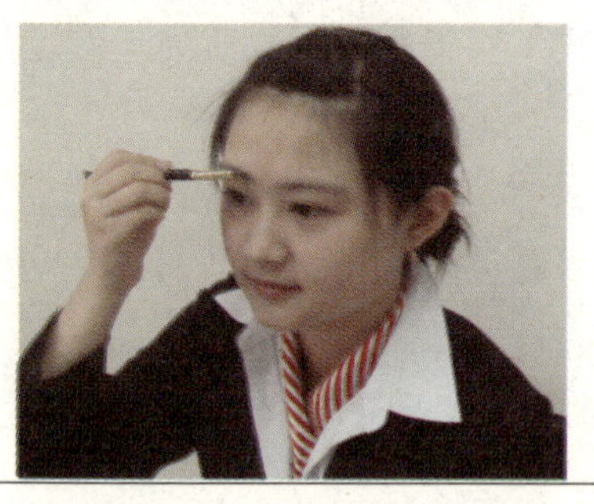	眼部化妆不要忘记眉,先用眉笔顺着眉毛的生长方向进行描画,然后再用眉刷定型,最好用深棕色、浅棕色眉笔,切不可将眉毛化成一条重重的黑线
(4)涂腮红 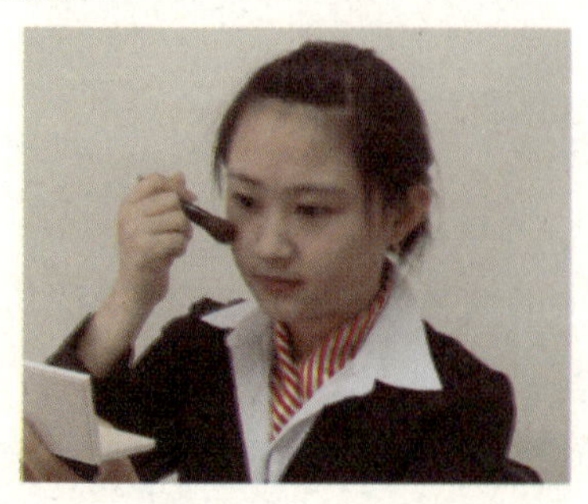	1. 腮红应涂在微笑时面部的最高点,均匀晕染; 2. 皮肤白的人一般选用粉色;肤色较深的一般选用桃红或珊瑚色; 3. 如皮肤比较红润,腮红可以省略

续上表

(5)唇 	1. 通常使用白色或液体唇膏来保持唇部湿润,并使唇膏颜色保持持久; 2. 唇膏的颜色一般要与胭脂颜色保持协调,属同一色系; 3. 为避免口红长时间产生化开的现象,可以在涂唇膏前先画唇线,但要注意应与唇膏颜色一致

5 化妆品的使用

(1)使用与自己肤色、制服颜色相协调的颜色。

(2)脸色不好时一定要用粉底与颊红掩盖。使用液体粉底可以使皮肤看起来细腻。在使用粉底时注意不要让脸部与头部有明显的分界线。用海绵上妆可以使化妆匀称。

(3)注意要在饭后补妆,保持妆容整洁。注意脸部的油脂,特别是"T"区内,要定时用吸油纸或纸巾揩干。补妆应在洗手间完成。

(4)化妆用具要经常清洗,不能借用他人化妆品。

小贴士

如上过妆,晚上一定要卸妆后再入睡。应用专用的卸妆液将妆容卸掉后,仔细用洗面奶将残留的化妆品清洗干净。卸妆时不可太过用力,尤其是眼部。卸妆起到保护皮肤的重要作用,因此不能省略。

四 仪容礼仪指导与实训

1 仪容实训内容

女性服务人员的淡妆实训。

2 实训目标

掌握轨道交通服务人员职业淡妆的基本操作步骤。

3 化妆实训准备

备好粉底、眼影、眼线笔、眉笔、腮红、睫毛膏、睫毛夹、口红等。

4 考核评分表(表2-3)

淡妆考核评分表 表2-3

考核项目	考核要求	分值	得分
基础底妆	1. 打底工具选用正确; 2. 上底妆时涂抹均匀	10分 10分	
眼部化妆	1. 涂眼影:会使用单色晕染或双色晕染; 2. 眼线:涂抹均匀,无残缺; 3. 合理使用睫毛夹、睫毛膏,涂抹不打结; 4. 眉毛:选用色彩合适的眉笔,眉形搭配合理	10分 10分 10分 10分	
涂腮红	腮红色彩选择恰当,晕染均匀	10分	
画口红	色彩与腮红色系一致,轮廓饱满明亮	10分	
整体效果	1. 发型标准、规范; 2. 妆面整体效果干净美观	20分	

2.2 仪表礼仪

一 不同场合的着装

服饰是一种无声礼仪,服饰的大方和整洁有一种无形的魅力。它能反映一个人的社会生活，文化水平和各个方面的修养。正如莎士比亚所说："服饰往往可以表现人格。"一个人穿戴什么样的服饰，直接关系到别人对其个人形象的评价。服饰只有与穿戴者的气质、个性、身份、年龄、职业以及穿戴的环境、时间协调一致时，才能达到美的境界。

服装穿着应遵循以下基本原则。

(1)服饰穿戴要遵循时间、地点、场合原则(TPO原则)，与外围环境相和谐。

①时间原则(Time)。职业人士在着装时，必须要考虑时间层面，时间涵盖了每天的早晨、中午、晚上等阶段，也包括春、夏、秋、冬四个季节，服装穿着要做到随时间而更替。

②地点原则(Place)。特定的地点、环境配以相适应、相协调的服饰，以获得整体和谐感，实现人与地点相融洽的最佳效果。

③场合原则(Occasion)。人们约定俗称的原则，即在选择服装时，必须与特定的场合气氛相吻合。

(2)要与自己的社会角色相协调，要明白自己所扮演的角色是什么，再考虑一套适合于这个角色的服饰来装扮自己。

(3)根据自身的特点选择服饰，可以借用服饰的特点扬长避短，充分美化自己。

二 正装的穿着

1 男士着装礼仪

(1)男士着装要点

男士的服装可分为礼服、工作服和休闲服。参加正式、隆重、严肃的典礼或仪式，应当穿着礼服或深色西装，白色衬衫和正式的鞋子。各式外衣、仔裤等便装适合日常一般场合穿着。

(2)男士西装着装规范(图2-2)

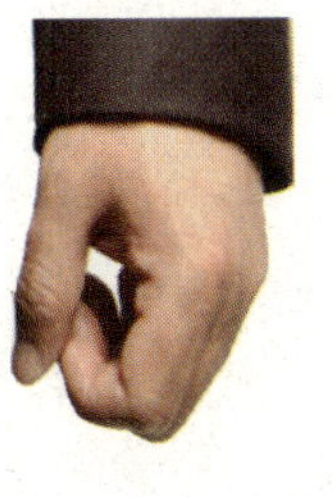

图2-2 男士西装着装规范

①整体要求。西服合体，熨烫平整、整洁挺括。男士穿着不求华丽、鲜艳，衣着不宜有

过多的色彩变化，大致不要超过三色。

②衬衫选择。正装衬衫应为纯色，以浅色为主，白色最常用。衬衫领口挺括、洁净，衬衫衣领高于西服衣领 1.5cm 左右；抬臂时，衬衫袖口长于西服袖口 1.5cm 左右，垂臂时，西服袖口长于衬衫袖口，以显示西服层次。

③领带的标准。领带是西服的灵魂，在正式场合，男士要打领带，领带有单结、双结、温莎结等系法。领带长度以在皮带扣处为宜。

④纽扣系法。西装分单排扣和双排扣西服，单排 3 粒扣西服系上方两粒或中间一粒；两粒扣西服系上方一粒；双排扣西服扣子全部扣上。

⑤西裤。西裤长度以触到脚背为宜，裤线熨烫好，裤扣扣好，拉链拉好。

⑥西服口袋。上衣和西裤后侧口袋尽量不放物品，名片、笔等轻薄物品可放在西服左侧内侧口袋。

⑦鞋袜。穿西服配黑色袜子、黑色皮鞋，鞋面清洁光亮，袜筒不易过矮。

(3)男士西服穿着禁忌(图 2-3)

一忌西裤过短；二忌衬衫放在西裤外面；三忌不扣衬衫扣；四忌抬臂时西服袖子长于衬衫袖；五忌西服的衣、裤袋内鼓鼓囊囊；六忌领带太短(一般长度为领带尖盖住皮带扣)；七忌西服上装所有扣都扣上(双排扣西服则应都扣上)；八忌西服配便鞋(休闲鞋、球鞋、旅游鞋、凉鞋等)。

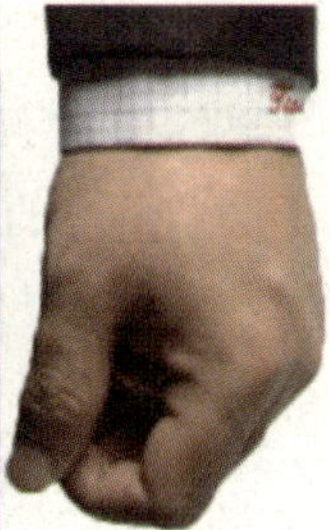

图 2-3　男士西服穿着禁忌

2 女士穿衣礼仪

女士比男士在穿衣上有更大的随意和变化，在女士身上更能体现服饰美。合体、合意的服饰将增添女士的自信(图 2-4)。

图 2-4　女士服饰

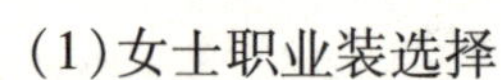

(1)女士职业装选择

①职业套装应选择质地上乘的面料，上衣与裙子应使用一种面料。

②职业装套裙的色彩选择应淡雅、庄重，不宜选择过于鲜亮、扎眼的色彩。套裙要与工作环境相协调，选择以浊色调、冷色为主，上下身色彩可一致，也可是两种不同颜色。

③西装套裙款式。西装套裙样式很多，如西服裙、一步裙、筒裙、A 字裙等。

④职业装款式有职业套裙、职业套裤、分身半职业装、束腰职业装等。

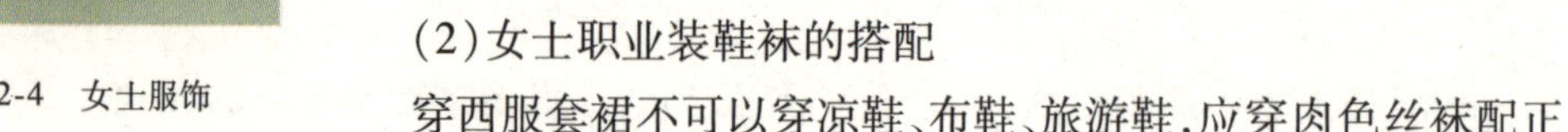

(2)女士职业装鞋袜的搭配

穿西服套裙不可以穿凉鞋、布鞋、旅游鞋，应穿肉色丝袜配正装船鞋;穿裤装应配矮腰丝袜、船鞋。

(3)女士配饰

正式场合配饰要考究。正式场合不佩戴粗制滥造的饰物,要求质地、做工考究,避免佩戴发光、发声、艳丽夸张的饰物。手提包、首饰、袜子、丝巾、胸花等配饰要具有整体美感。

(4)女士服装禁忌

①公共场所、办公室里避免穿过于性感和暴露的服饰,此类服饰最好不要或少在社交场合穿着。

②薄纱型衣、裙、裤,因其透光性较强,穿着时应尤为慎重,需有内衬,不然会显得十分不雅。对于外国朋友来说,“透”比“露”更难以让人接受,因为在他们看来“透”不仅有碍观瞻,而且还说明穿戴者有不自爱之嫌。

③袜子是女性腿部的时装,要注意不应穿着跳丝、有洞或补过的丝袜外出;另外,袜子的大小松紧要合适,不要走不了几步就往下掉,或显得一高一低,当众整理袜子则有失体统。

三　制服的穿着

制服标志着自己的职业特色。它的设计充分考虑了穿着者从事的职业和身份,与环境相配,有一种美的内涵。任何公司都有自己的制服,制服可以衬托一个人,通过一件制服可以看到一个人的职业形象,展现公司的精神面貌。穿上醒目的制服不但易于他人辨认,而且也使穿着者有一种自豪感和责任感。

制服展现了公司的形象。乘客看着穿制服的工作人员也就是在看着公司,因此,在穿着制服的时候,要注意自己的仪容仪表,注意整洁,使自己的形象、举止符合制服应表现出的形象。制服的美观既突出了员工的精神面貌,也反映了企业的管理水平和卫生状况。

1　制服的穿着要求和规范

(1)外观整洁。制服平整挺括、完好无损、干净卫生、无异味,避免褶皱。

(2)文明着装。制服避免穿着过分裸露、包头和过分瘦小的服装。

(3)穿着搭配得当。配饰搭配以少而精为主,色彩、款式不超过3样;丝巾领带佩戴要规范;鞋袜按正装标准穿着。

2　制服穿着注意事项

(1)在穿制服时不宜佩戴镶宝石的装饰品,如:手镯、悬垂挂件、装饰戒指、胸针、脚链等。

(2)工作时不得佩戴两枚以上超过5mm的戒指。

(3)耳针的大小不许超过黄豆粒或3mm,不许有悬垂物。

(4)工作时不能佩戴装饰项链、珍珠项链等较夸张的饰物,最好佩带一条素链。

(5)头上不得佩戴发圈和有颜色的发夹。

四 仪表礼仪指导与实训

1 实训内容

男士西服与女士套装的穿着。

2 实训目标

掌握正装的穿着规范。

3 实训方法

学生每5人一组，根据不同场合进行服装搭配并展示；分组考核；学生点评总结。

4 男士西服考核评分表(表2-4)和女士正装穿着考核评分表(表2-5)

男士西服穿着考核评分表　　表2-4

考核项目	考核要求	分值	得分
西服基础规范	1. 外观整洁、无异味； 2. 熨烫整齐,无破损	10分 10分	
西服的穿着规范	1. 衬衫、领带、西服和皮鞋的颜色搭配； 2. 衬衫整洁挺括,穿法正确； 3. 衣领、袖口着装规范； 4. 领带的佩戴标准； 5. 扣子系法正确； 6. 西裤的长度合适； 7. 鞋袜颜色搭配	10分 10分 10分 20分 10分 10分 10分	

女士正装穿着考核评分表　　表2-5

考核项目	考核要求	分　值	得　分
正装基础规范	1. 外观整洁、无异味； 2. 熨烫整齐，无破损	10分 10分	
制服的穿着规范	1. 配饰、佩戴规范； 2. 衬衫整洁挺括，穿法正确； 3. 衣领、袖口着装规范； 4. 上衣、裤装搭配； 5. 鞋袜搭配	20分 20分 10分 20分 10分	

2.3 仪态礼仪

一 轨道交通客运服务人员的表情礼仪

在与乘客交往中，工作人员的面部表情可以给人们最直接的感觉和情绪体验。当表情与语言、行为一致时，就会拉近工作人员与乘客间的距离。因此，表情在人际交往的过程中起到了非常重要的作用。作为窗口行业的员工，好的表情才会给乘客带来好的心情和良好的沟通。在构成表情的要素中，目光和微笑是至关重要的因素。

1 表情礼仪的基本原则

在与乘客进行交流时，表情的应用要遵循以下四个原则：

(1)谦恭。谦恭是工作人员主动向客人表示尊敬的一种方式，是服务对象首要的心理需求，也是评价服务水平的重要标准。

(2)友好。友好是服务人员主动向客人表示希望与之沟通和欢迎的表现形式，是顺利完成交流的重要基础。

(3)适时。适时是要求工作人员的表情神态,要与所处的场合和工作情景协调恰当,要求工作人员要有较强的应变能力和对情景气氛的感受能力。

(4)真诚。所有的语言和行为,如果不是建立在真诚的基础上,都会背离服务目标走向虚伪,而虚伪必将导致失败。

2 眼神

眼睛是心灵之窗,眼神能准确地表达人们的喜、怒、哀、乐等一切感情,服务人员应学会正确地运用目光,为乘客创造轻松、愉快、亲切的环境与气氛,消除陌生感,缩短距离。

(1)眼神运用的具体要求

①正视乘客的眼部。

接待乘客时,无论是问话答话、递接物品、收找钱款,都必须以热情柔和的目光正视乘客的眼部,向其行注目礼,使之感到亲切温暖。

②视线要与乘客保持相应的高度。

在目光运用中,正视、平视的视线更能引起人的好感,显得礼貌和诚恳,应避免俯视、斜视。俯视会使对方感到傲慢不恭,斜视易被误解为轻佻。如站着的服务人员和坐着的乘客说话,应稍微弯下身子,以求拉平视线;侧面有人问话,应先侧过脸去正视来客再答话。

③运用目光向乘客致意。当距离较远或人声嘈杂,言辞不易传达时,服务人员应用亲切的目光致意。

(2)眼神的组成

眼神主要由视线接触的时间、视线接触的方向以及眼神的变化三方面组成。

①接触时间。

据心理学家研究表明,人们视线相互接触的时间,通常占交谈时间的30% ~60%。时长超过60%,表示彼此对对方的兴趣大于交谈的内容,特殊情况下,表示对尊者或长者的尊敬;时长低于30%,表示对对方本人或交谈的话题没什么兴趣,有时也是疲倦、乏力的表现。视线接触时,一般连续注视对方的时间最好在3s以内。在许多文化背景中,长时间的凝视、直视、侧面斜视或上下打量对方,都是失礼的行为。

②接触方向。

接触方向可以分为视线接触三区 。上三角区(眼角至额头),处于仰视角度,常用于下级对上级的场合,表示敬畏、尊敬、期待和服从等。中三角区(眼角以下面部),处于平视、正视的角度,表示理性、坦诚、平等、自信等。下三角区(前胸),属于隐私区、亲密区,不能乱盯。视线向下,处于俯视角度,表示爱护、宽容。

③眼神的变化。

美国心理学家赫斯经过长期研究得出如下结论：瞳孔的收缩与放大，既与光线刺激的强弱有关，也与心理活动机制有关，而且瞳孔的变化是无法自觉地和有意识地加以控制的。不能死盯着对方，也不要躲躲闪闪、飘忽不定或眉来眼去，更应避免瞪眼、斜视、逼视、白眼、窃视等不礼貌的眼神。

3 微笑

笑是人类最美好的形象。因为人类的笑脸散发着自信、温暖、幸福、宽容、慷慨等情绪。轻轻一笑，可以招呼他人或者委婉拒绝他人；抿嘴而笑能给人以不加褒贬、不置可否之感；大笑则令人振奋、欣喜、激动。

作为一个有修养的客运服务人员，自觉自愿发出的微笑才是乘客需要的微笑，也是最美的微笑，这种微笑是发自内心的、轻松友善的微笑。服务人员在微笑中不仅可充分而全面地体现自信、热情，而且能表现出温馨和亲切，给乘客留下美好的心理感受。

(1)微笑的种类

①温馨的微笑(图2-5)。只牵动嘴角肌，两侧嘴角向上高于唇心，但不露出牙齿。适用于和陌生乘客打招呼时。

②会心的微笑。嘴角肌、颧骨肌与其他笑肌同时运动，牙齿变化不大但要有眼神交流和致意的配合。适用于表示肯定、感谢时。

③灿烂的微笑(图2-6)。嘴角肌、颧骨肌同时运动，露出牙齿，一般以露出6~8颗牙齿为宜，适用于交谈进行中。

图2-5　温馨的微笑

图2-6　灿烂的微笑

(2)微笑禁忌

①不要缺乏诚意，强装笑脸。

②不要露出笑容随即收起。

③不要受情绪左右而笑。

④不要把微笑只留给上级、朋友等少数人。

(3)实训方法

①以对着镜子自我训练为主,学生对着镜子来调整和纠正"三种"微笑。

②发"一"、"七"、"茄子"、"威士忌"等音,使嘴角露出微笑。

③手指放在嘴角并向脸的上方轻轻上提,使脸部充满笑意。

④情景熏陶法,通过美妙的音乐创造良好的环境氛围,引导学生会心地微笑。

⑤在眼神训练中,同样可采用面对镜子完成各种眼神练习的方法。

⑥同学之间通过打招呼、讲笑话来练习微笑,并相互纠正。

⑦手张开举在眼前,手掌向上提并随之展开,随着手掌的上提、打开,使眼睛睁大有神。

⑧在综合训练时,在教师监督下,学会正确运用表情,注意微笑与眼神协调的整体效果。不当之处由教师现场指出、修正,见表2-6。

微笑考核评分表 表2-6

考核项目	考核内容		分值	自评分	小组评分
表情	三种表情的技巧	温馨的微笑	10		
		会心的微笑	10		
		灿烂的微笑	10		
	展示个人最好的微笑		10		
眼神	不同情境的眼神表现		30		
综合	微笑眼神与形体的协调表现		30		

二 站姿

站姿是指人在停止行动之后,直立身体、双脚着地的姿势。它是一种静态的身体造型,是平常采用的最基本的姿态,又是其他动态的身体造型的基础和起点。优美的站姿是展现人体动态美的起点,是培养仪态美的基础。

1 站姿的基本要求

基本站姿,指人们在自然直立时所采用的正确姿势。标准是正和直,主要特点是头正、肩正、身正;颈直、背直、腰直、腿直。

2 站姿要领

站立时头部平视前方，收下颚，面带微笑，颈部挺直，双肩舒展，腹部自然收起，腰部直立，臀部上提，双臂自然下垂，双腿并拢立直。

3 工作中不同的站姿方式

不同的工作岗位对站姿有不同的要求，但任何一种形式的站姿都是在基础站姿基础上变化的，工作人员在实际工作中可选择合适的站姿形式来为乘客服务。服务过程中常见的站姿有以下几种（图2-7）。

（1）垂放站姿

双臂自然下垂，双手中指分别放于裤缝或裙缝处，手指自然放松。适用于训练标准体态和重要领导审查、检阅时。

（2）前搭手位站姿

双手四指并拢，右手在外，左手在内，将右手食指放于左手指跟处，并将拇指放于手心处。前搭手位站姿是工作时运用最多的站姿体态，只要与乘客交流，都应用前搭手位站姿。

（3）后搭手位站姿

男士右手在外，左手在内，双脚打开，双脚的距离不超过自己肩的宽度。适用于前方无人，客运服务人员在巡视时可运用的站姿。

图2-7　各种不同站姿

4 站姿禁忌

站姿禁忌指工作人员在工作岗位上不应具有的站立姿势。在与乘客的交流中，工作人员要尽量注意身体各部位的要求，避免出现以下不良的站姿：

（1）头部歪斜，左顾右盼。

（2）高低肩、含胸或过于挺胸。

（3）双手插兜或叉腰，双肩抱于胸前。

（4）腰背罗锅，弯曲，小腹前探。

（5）腿部抖动交叉过大，膝盖无法收拢。

5 实训方法

（1）背靠背站立。两人一组，要求两人后脚跟、小腿、臀、双肩、脑后枕部相互紧贴。

（2）顶书训练。在头顶上平放一本书，保持书的平衡，以检测是否做到头正、颈直。

（3）背靠墙练习。要求头、背、臀均紧挨着墙。

三 坐姿

坐姿是臀部置于椅子、凳子、沙发等物体之上，单脚或双脚放在地上的姿势。它是一种静态的仪态造型，是常用的姿势之一。不同的坐姿传达不同的意义和情感，文雅的坐姿可以展现人体静态美。

1 坐姿的基本要求

坐姿不仅包括坐的静态姿势，同时还应包括入座和离座的动态姿势，“入座”作为坐的“序幕”，“起坐”作为坐的“尾声”。

（1）入座时要轻稳。走到座位前转身后，右脚向后退半步，然后轻稳坐下，再把右脚与左脚并齐。如是女士，入座时应先背对着自己的坐椅站立，右脚后撤，使右脚确认椅子的位置，再整理裙边；挺胸，双膝自然并拢，双腿自然弯曲，双肩自然平正放松，两臂自然弯曲；双手自然放在双腿上或椅子、沙发扶手上，掌心向下。

（2）臀部坐在椅子1/2或者2/3处，两手分别放在膝上（女士双手可叠放在左膝或右膝），双目平视，下颌微收，面带微笑。

（3）离座时要自然稳当，右脚向后收半步，然后起立，起立后右脚与左脚并齐。

2 女士常见的坐姿

图2-8　女士正坐式

（1）正坐式（图2-8）。双腿并拢，上身挺直、落座，两脚两膝并拢，两手搭放在双腿上，至于大腿部的1/2。要求上身和大腿、大腿和小腿都应成直角，小腿垂直于地面，双膝、双脚包括两脚的脚跟都要完全并拢。入座时，若是女士着裙装，应用手先将裙摆稍稍拢一下，然后坐下。

(2)开关式。要求上身挺直，大腿靠紧后，一脚在前，一脚在后，前脚全脚着地，后脚脚掌着地，双脚前后要保持在一条直线上。

3 男士常见的坐姿

(1)正坐式。上身挺直、坐正，双腿自然弯曲，小腿垂直于地面，两脚两膝分开为一脚长的宽度，双手以自然手型分放在两膝后侧或椅子的扶手上。

(2)重叠式(图2-9)。右小腿垂直于地面，左腿在上重叠，双脚小腿向里收，脚尖向下，双手放在扶手上或放在腿上。

图2-9　男士重叠式

4 坐姿禁忌(图2-10)

坐姿禁忌指工作人员在工作岗位或与乘客交谈时不应出现的坐姿。坐姿是人际关系交往过程中持续时间较长的一种姿态，如果出现以下坐姿禁忌，会给对方留下难以改变的印象。

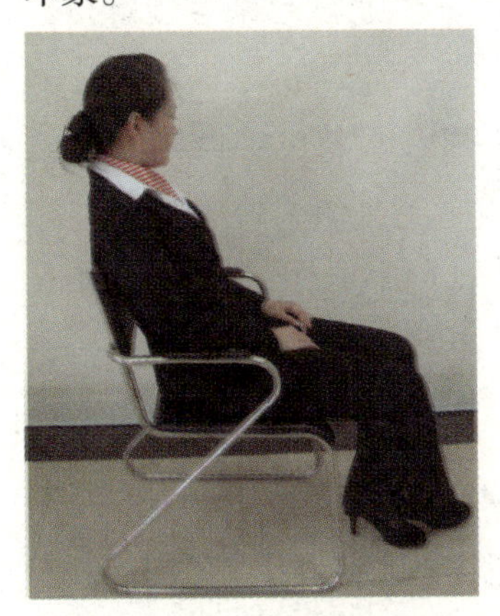

图2-10　坐姿禁忌

(1)侧肩、耸肩、上身不正。

(2)含胸或过于挺胸。

(3)双臂交叉抱于胸前。双手抱于腿上或夹在腿间。

(4)趴伏桌面，背部拱起。

(5)跷二郎腿，叉开过大，腿部伸出过长。

(6)脚步抖动，蹬踏他物，脚尖指向他人。

5 坐姿训练

(1)加强腰部、肩部的力量和支撑力训练，进行舒展肩部的动作练习，同时利用器械进行腰部力量的训练。

(2)按照动作要领体会不同坐姿，经常性地纠正和调整不良习惯。

(3)每种坐姿训练持续10min，加强腰部支撑能力。

四 步态

1 步态的基本要求

(1)规范的走姿首先要以端正的站姿为基础。

（2）双肩应平稳，以肩关节为轴，双臂前后自然摆动。

（3）上身挺直，头正、挺胸、收腹、立腰，重心稍向前倾。

（4）注意步位。脚尖略开，起步时，身体微向前倾，两脚内侧落地。不要将重心停留在后脚，并注意在前脚着地和后脚离地时要伸直膝部。

（5）步幅适当。一般前脚的脚跟与后脚的脚尖相距为脚长左右距离，步伐稳健，步履自然，要有节奏感，保持一定的速度。但因性别不同、身高不同、服饰不同，步幅的大小也有一定的差异。一般情况下，每分钟行走110步。当然，这还取决于工作的场合和岗位。步态整体上要给人以步态轻盈敏捷、有节奏的感觉。

2 不同工作情况下的步态标准

在具体的工作中，工作人员的步态有着不同的要求和规范，轨道交通行业工作人员需要根据工作情况给予关注。

（1）与乘客迎面相遇时，工作人员应放慢脚步，面带微笑目视乘客表示致意，并实时伴随礼貌的问候用语。以规范的“右侧通行”原则，让乘客先行。

（2）陪同引领乘客时，如果乘客同行，应遵循“以右为尊”的原则，工作人员应走在乘客的左侧。引领乘客时应走在乘客的左前方二三步的位置。行进步速需与乘客步幅保持一致。

（3）进出升降式电梯，无人驾驶电梯时，乘客后进先出，有人驾驶电梯时乘客先进先出。

（4）搀扶帮助他人时，注意步速与对方保持一致。在行进过程中适当停顿，询问乘客身体状况。

3 步态禁忌

工作人员在工作岗位上不应出现如下的步态，要尽量控制和克服不良步态的出现。

（1）走路“内八字”或“外八字”。

（2）蹬踏和拖蹭地面，踮脚走路。

（3）步伐过快或过慢。

4 步态的训练方法

（1）画直线或沿着地面砖的直线缝隙进行直线行走练习。

（2）顶书练习，要求练习者以立正姿势站好，出左脚时，脚跟着地，落于离直线5cm处，迅速过渡到脚尖，脚尖稍向外，右脚动作同左脚，注意立腰、挺胸、展肩。

五 蹲姿

蹲姿是由站姿转换为两腿弯曲，身体高度下降的姿势。应用于工作人员帮乘客捡拾物品的正确蹲姿（图2-11）。

1 蹲姿的基本要求

站在所取物品的旁边，一脚前、一脚后，弯曲双膝，不要低头且双脚支撑身体，蹲下时要保持上身的挺拔，体态自然。

2 蹲姿的不同形式

（1）高低式蹲姿，特征是两膝一高一低。女士两腿膝盖相贴靠，男士膝盖朝向前方。

（2）交叉式蹲姿，仅限于女士。蹲下时双膝交叉在一起，两腿交叉重叠，后退脚跟抬起，脚掌着地，上身略向前倾。

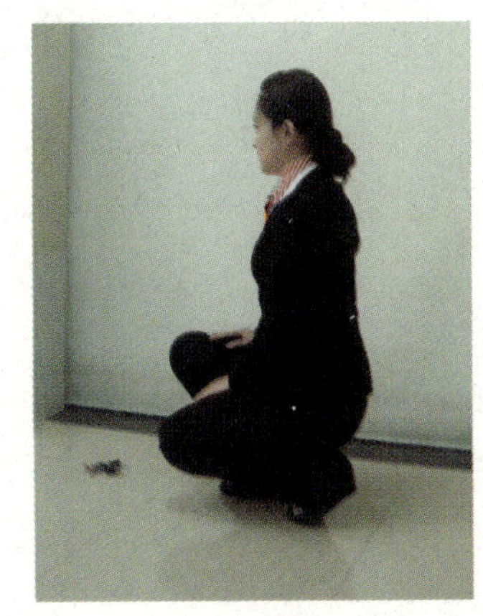

图2-11 蹲姿

3 蹲姿禁忌

（1）行进中突然下蹲。

（2）背对他人、正对他人蹲下。

（3）女士裙装时下蹲毫无遮饰。

（4）正常工作中蹲姿休息。

4 蹲姿的训练

（1）加强脚踝、膝盖等关节的柔韧性，练习提腿、压腿、活动关节等动作。

（2）蹲姿控制练习，要有意识地控制平衡，保持蹲姿，形成好习惯。

六 仪态礼仪指导与训练

（1）轨道交通服务人员工作中的基本仪态实训要求：着正装，女士穿高跟鞋进行练习。站姿、坐姿等仪态训练每次不少于15～20min，并配以适当的音乐，缓解训练的疲劳，训练时保持良好心情。

（2）以组为单位进行不同仪态训练，并及时纠正或点评。采用同学之间互评、分组竞赛的方式来改善和充实单调的练习。

（3）仪态训练的考核见表2-7。

仪态实训考核评分表 表 2-7

考核项目	考核内容		分值	自评分	小组评分	实得分
站姿	身体各部位的正确姿态	头、颈	3			
		两肩、胸	3			
		腰部	3			
		手位	3			
		两脚	3			
	不同站姿的展示	肃立	5			
		直立	5			
	顶书训练效果		10			
坐姿	坐姿基本动作要领的展示		10			
	脚的摆放方式		10			
	入座后姿态的整体保持效果		5			
	入座前后的其他要求		5			
	身体姿态		10			
步态	跨步的均匀度		5			
	手位摆动的情况		5			
	根据音乐情境变换步伐		5			
蹲姿	上身姿态		5			
	起身动作与表情		5			

七 交往礼仪

1 适当的手势

手势是人们交往时不可缺少的动作，是最有表现力的“体态语言”。它可以加重语气，增加感染力。在工作中，手势运用要规范和适度。

图 2-12 引导手势

（1）在引路、指示方向时，五指并拢，小臂带动大臂，小臂与地面保持水平（图 2-12）。根据指示距离的远近调整手臂的高度，身体随着手的方向自然转动，目光与所指的方向一致，收回时手臂应略成弧线再收回。在做手势的同时，要配合眼神、表情和其他姿态，才能显得大方。注意切忌用单个食指指示方位。

(2)常用的手势有：横摆式、前摆式、曲臂式、直摆式。

(3)几种流行手势：OK 手势、跷起大拇指手势、V 形手势、"搭尖式"。

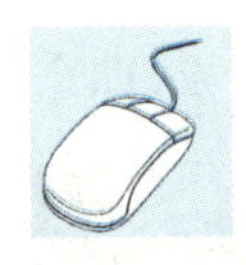

知识链接

常见手势在不同国家的表示含义

(1)拇指和食指合成一个圆圈：美国人表示"OK"，法国人表示"空"、"零"，日本表示为数不少的"钱"。

(2)竖起大拇指：我国表示赞扬，但在英美国家也可表示搭便车。

(3)V 字手势：因为 V 字在英文中代表了胜利 Victory，所以以 V 向人表达了胜利之欢欣意义，用此手势时需以手指背向自己。但在希腊用此手势时则必须把手指背向对方，否则就表示污辱，轻视对方之意。

2 鞠躬

鞠躬是我国礼节之一，一般在下级对上级、服务人员对宾客、初次见面的朋友之间、欢送宾客及举行各种仪式时使用。鞠躬也是表达敬意、尊重、感谢的常用礼节。要求：身体向前，腰部下弯，头、颈、背自然成一条直线，视线随着身体的移动而移动，鞠躬的度数为45°，给客人道歉时的鞠躬角度数应视情节为60°或90°，如图2-13所示。一般日本人、韩国人采用90°鞠躬礼。

图2-13　鞠躬示意图

3 致意礼节

致意是指向他人表示问候的心意。通常在迎送、被别人引见、拜访时，为见面所必施的礼节。礼貌的致意会给人一种友好愉快的感受。这里只简单介绍以下几种：

(1)注目致意。双目始终注视对方的眼睛，眼神不要四处游移，否则，显得不尊重对方。如果需要，可以将视线下移至对方胸部略上的部位，才不会让对方疲倦，但在谈及要点时，一定要注视对方的眼睛。

(2)点头致意。这种姿势适于同事及关系密切的人或用于早晚在路上打招呼，它也适用于电梯等小的空间。

(3)欠身致意。是将上半身向前倾斜 15°~30°。这种姿势适用于迎送客人等一般性问候。

4 握手

握手也是社交中常见的一种礼节,它包含感谢、慰问、祝贺和相互鼓励的意思,如图2-14所示。握手礼也是中国人常使用的见面礼和告别礼,能显示一个人的教养。

图 2-14　握手示意图

(1)男女之间,男方要等女方伸出手后才可握手,如女方不伸手,没有握手的意愿,男方可点头致意或鞠躬致意;如果男性是女性父辈的年龄,男性先伸手是适宜的。

(2)宾主之间,主人应先向客人伸手,以示热情、亲切。如接待来宾,不论男女,女主人都要主动伸手表示欢迎,男主人也可以先伸手对女宾表示欢迎。离别时,应由客人先伸手,表示再见,主人此时若先伸手就等于催客人离开,不礼貌。

(3)当年龄与性别冲突时,一般仍以女性先伸手为主,同性老年的先伸手,年轻的应立即回握。

(4)有身份差别时,身份高的先伸手,身份低的应立即回握。

(5)长幼之间,年幼的要等年长者先伸出手;上级和下级之间,下级要等上级先伸出手;平辈相见先伸手者有礼、主动。

(6)握手的力度:握手要紧,表示诚意和感激之情,但不要握痛对方的手,也不可抓住对方的手不放或使劲地摇动。而握手时漫不经心,缺乏应有的热情和力度,不仅对别人是轻蔑的、失礼的,而且也表现出自己缺乏教养。

(7)速度与时间:伸手的快慢,说明自愿或勉强,握手的时间一般为 3~5s。身体弯度:对长者握手时要稍弯腰,对一般人握手时不必弯腰,但也不要腰板笔挺,昂首挺胸,给人造成无礼、傲慢的印象。

(8)面部表情:握手时面部要露出真挚的笑容,以友善的眼光看着对方,千万不能一面握手,一面斜视他处,东张西望或和他人说话。

(9)其他应注意的:站在离开对方有一臂远的位置;握手需用右手,一般情况下,伸出左手与人握手是不礼貌的。如果正在干活,对方主动伸出手,这时可以一面点头致意,一面摊开双手,表示歉意,取得对方谅解。如果正在干活的人,一时疏忽,伸出脏手与你相握,这时你要热情相握,而且切不可当着对方的面擦自己的手。

想一想

你知道不礼貌的握手有哪些吗？

(1)男士戴着帽子和手套；

(2)长久地握着异性的手不放；

(3)用左手同他人握手；

(4)交叉握手；

(5)握手时目光左顾右盼。

5 物品交递的方式(图2-15)

(1)递交文件时，即使只有一页，也一定要用双手。并将文件的正面向着对方，使对方很容易看清。

(2)若是递送剪刀利器等尖锐物品，应将剪刀、小刀的柄递给对方便于他人拿取。如别针之类的小物品，可以将其放在纸上或夹在纸上。这样不仅便于拿取，而且给人以亲切之感。

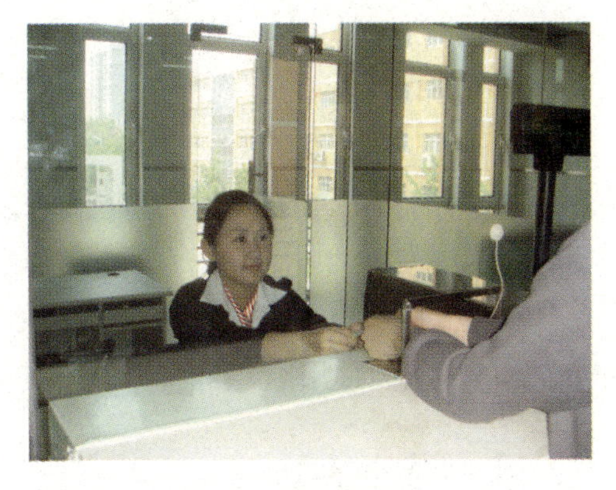

图2-15　物品递交的方式

2.4 沟通礼仪

一 见面礼仪

1 称呼礼仪

适当地运用称呼，会让人觉得你彬彬有礼，很有教养。它可以使互不相识的人乐于相交，熟人更加增进友谊。对于客运服务人员而言，更要学会正确地称呼乘客。称呼时，态度要热情、谦恭。称呼用语要恰当、亲切。

(1)敬称，如“您”等，多用于尊长、同辈。但客运服务人员一定要用，表示对乘客的客气与尊敬。

(2)亲属称谓，就是对非亲属的交际双方以亲属称谓，通常在非正式交际场合使用。服务人员如果在为特殊旅客提供服务时可以使用，如“大哥、大姐、大伯、大妈、大叔、爷爷、奶奶”等，不过要注意对方的年龄，不要把别人叫老了。

(3)职业称谓，用于较正式的场合，带有尊重对方职业和劳动的意思，如“师傅、大夫、医生、老师”等，可以冠之以姓。

(4)职称称谓，是对干部、技术人员等的称谓。国家工作人员等在各种交际场所都应该用职务称谓，如：书记、经理、主任、主席、教授，工程师等，在前面加上姓名，对总经理前面一般加姓，称“×总”。

(5)姓名称谓，在正式场合称呼比较熟悉的同辈人为“老+姓”(老王、老张等)；对干部、知识分子等老年男性称“姓+老”(李老等)；长辈称小辈“小+姓”(小田等)。

(6)统称，男性称“先生”、女性称“女士、小姐”，是当今社会上最为流行的称呼，在服务工作中也可以使用。

2 问候礼仪

问候是见面时最先向对方传递的信息，如果能够迅速、积极地表达自己的诚意和心意，就可以在最初接触时给乘客留下一个好印象。

(1)问候要积极主动。一般来说先打招呼的人会在后面的谈话交流中掌握主动。即使是乘客先打招呼了，客运服务人员也一定要立即回应问候乘客。

(2)问候时声音要清晰、洪亮且柔和。尤其在早晨、午后、傍晚时分，乘客神经尚未完全兴奋时，大声的问候会使乘客感到振奋，有利于服务气氛的开朗、活跃。

(3)问候时要注视乘客的眼睛，点头致意；当问候重要乘客时，需要向乘客鞠躬(上身倾斜角度为15°)。

3 应答礼仪

应答礼是服务人员在工作中回答客人询问或回应对方召唤时所表现出的礼仪行为。使用应答礼时应该注意以下几种情形：

(1)应答客人询问时，要思想集中，全神贯注地聆听；不能目视别处，或心不在焉，或说话有气无力。

(2)应答客人提问或征询有关事项时，语言应简洁、准确，语气婉转、声音大小适中；不能随心所欲地谈天说地，或声音过大，或词不达意。

(3)如果客人讲话含糊不清或语速过快时,可以委婉地请客人复述,不能听之任之,凭主观臆想,随意回答。

(4)回答多位乘客询问时,应从容不迫,按先后次序、轻重缓急,一一作答,不能只顾一位乘客,而冷落了其他客人。

(5)对于乘客提出的无理要求,须沉得住气,或婉言拒绝,或委婉地回答:“可能不会吧”!“很抱歉,我确实无法满足您的这种要求,我帮您找其他人为您解答”。表现得有教养,体现出有风度、不失礼。

小贴士

常见的应答用语有:“好的”、“没问题”、“我知道了”、“我明白了”、“您说得对”、“对,是这样”等。

二 文明规范的服务语言

1 敬语

敬语使用是表示对听话人尊敬礼貌的语言手段。敬语一般运用在以下一些场合:如比较正规的社交场合;与师长或身份、地位较高的人的交谈;与人初次打交道或会见不太熟悉的人;会议、谈判等公务场合等。常用的敬语有:“请”、“您”、“劳驾”、“贵方”、“贵公司”、“谢谢”、“再见”。

知识链接

敬语的使用

敬语,特别是常用敬语,主要在以下几个场景使用:

(1)相见道好。人们彼此相见时,开口问候:“您好”,“早上好”。在这里一个词至少向对方传达了三个意思:表示尊重,显示亲切,给予友情。同时也显示了自己三个特点:有教养、有风度、有礼貌。

(2)偏劳道谢。在对方给予帮助、支持、关照、尊重、夸奖之后,最简洁、及时而有效的回应就是由衷地说一声“谢谢”。

(3)托事道请。有求于他人时,言语中冠以“请”字,会赢得对方理解、支持。

(4)失礼致歉。现代社会,人际接触日益频繁,无论你多么谨慎,也难免有失礼于亲友、邻居、同事或其他人的时候。但倘若你在这类事情发生之后能及时真诚地说一声“对不起”、“打扰您了”,就会使对方趋怒的情绪得到缓解。

生活中还有许多敬语可展现客运服务人员的素质和修养。如,拜托语言:“请多关照”、“承蒙关照”、“拜托”等;慰问语言:“辛苦了”、“您受累了”等;赞赏语言:“太好了”;同情语言:“真难为你了”、“您太苦了”等;挂念语言:“你现在还好吗?生活愉快吗?”这些都可以归为敬语范围。

2 赞美语

由衷的赞美是真诚的、发自内心地对别人的欣赏,并把这种欣赏回馈给对方。赞美的语言是人际交往中良好的互动过程,是拉近彼此距离、人与人之间互相关爱的表现。赞美同时也是一种有效的交往技巧,渴望得到别人的认可和赞美是人的天性,所以客运服务人员应学习并掌握赞美语的合理使用。

(1)常用的赞美语

常用赞美语言有:“真棒”、“太好了”、“非常出色”、“您眼光真好”、“太漂亮了”、“您说的真对”等。

(2)赞美语的遵循原则

①表达要真诚。发自内心的真实情感体验不会给人虚情假意、牵强的感觉,不要言不由衷。

②用词恰当。恰到好处的赞美,一两句就可以。注意观察对方的状态,注重对方的心理感受。

3 委婉语与致歉语

委婉语是用来在服务工作中表达不宜直言的人或事物的言语,常常在一些正规的场合以及一些有长辈和女性在场的情况下,被用来替代那些比较随便、甚至粗俗的话语。例如想要上厕所时,宜说:“对不起,我去一下洗手间。”让对方等候时,要说:“请稍等。”

致歉语是在服务过程中麻烦、打扰、妨碍了别人时,及时向对方表示道歉的语言。常用的致谦语有:“对不起”、“非常抱歉”、“请原谅”、“不好意思”等表示歉意的语言。注意在工作中要规范使用、及时道歉、得体大方、言行统一。

4 服务用语禁忌

(1)不清楚、不知道。

(2)不行,不对。

(3)这不关我的事。

(4)没看我正忙吗?
(5)连这也不知道。
(6)这事不归我管。
(7)有完没完。
(8)现在才说,早干吗来着。
(9)等会儿,我现在没空。
(10)还没听明白啊!

三 与乘客沟通的技巧

沟通是客运服务人员与乘客交流不可缺少的内容,要建立在尊重、真诚的基础上。学习并掌握与乘客沟通的技巧有利于与乘客进行愉快的交流,增进乘客对公司的了解,自觉地配合工作人员的工作。说话是客运服务人员每天要做的工作。说话技巧的好与坏,将会直接影响客运服务人员与乘客的沟通和交流。

1 看的技巧

(1)要学会察言观色,要寻找对方情绪高、心情好、有兴致的心理时机与乘客进行沟通,形成愉快交流。

(2)看的距离把握。当乘客进入自己的工作范围或与乘客四目相对时,要有相应表情。要正面对视乘客而不要斜视乘客。另外,对于经常乘车,比较熟悉的乘客要看"倒三角"位置,即两眼与鼻尖之间,这样对方会觉得更加亲切;对陌生的乘客,要看"大三角"位置,即两肩与额头,这样才不会给乘客压力。

2 听的技巧

(1)倾听的意义。要善于倾听乘客的话语。即使在交谈时也要时刻注意给别人说话的机会。在与人交流中成功的秘诀是多听,往往善于倾听的人容易被理解。

(2)倾听的方法。积极的倾听不能只把自己放在"听众"的位置上。在交谈过程中,要有适时的语言表达,如"嗯"、"好"、"您别生气";再表明一下自己的观点和态度是必要的。倾听是尊重对方的表现,可获得对方好感,同时也体现了自己的修养。

3 说的技巧

工作中毫无顾忌地大声喧哗、制造噪音是缺乏修养的表现。说的技巧包括语音、语气、音量、语调以及文明用语的合理使用。说的技巧90%是口头传达,说的目的是希望别人接受自己的意见,进一步影响对方,从而获得他人的了解和认同。

(1)语速。在与乘客的沟通过程中,客运服务人员要注意语速不要过快,说话的速度过快,乘客会认为你是着急把他打发走,或者是不耐烦;再者,乘客可能听不清楚你在说什么。

(2)在问候乘客时要用升调完成,音量要根据不同地点进行合理调控。

(3)语调要低沉明朗。明朗、低沉和愉快的语调最吸引人,所以语调偏高的人,应设法练习变为低调,才能说出迷人的感性声音。

(4)发音清晰,段落分明。发音要标准,字句之间要层次分明。改正咬字不清最好的方法就是大声地朗诵,久而久之就会有效果。

(5)懂得在某些时候停顿。不要太长,也不要太短。停顿有时会引起对方的好奇和逼对方早下决定。

(6)音量的大小要适中。音量太大,会造成太大的压迫感,使人反感;音量太小,则显得信心不足,说服力不强。

(7)配合脸部表情。每一个字、每一句话都有它的意义。要懂得在什么时候配上恰当的面部表情。

4 问的技巧

客运服务人员与乘客交流时,如果提问的时机不当,很可能会使沟通中断,或者达不到最终沟通的目的,同时还可能会引起对方的反感,所以提问时一定要谨慎小心。

(1)理解对方的谈话,需要设身处地为对方着想。

①要理解对方的谈话。提问的前提是认真倾听对方谈话的内容,并且理解它。不但要理解对方谈话的内容,还要理解对方传达出的情感,有时甚至还需要准确把握对方的言外之意。做到了这些,提问才有实质性价值。

②思考需要提出的问题。当客运服务人员在倾听对方的谈话时,依据谈话内容和其他信息,会有一些疑问或者需要确认自己的理解是否正确,这时需要将这些疑问或者自己的理解表达出来,得到对方的确认或者回答。

③提问要把握好恰当的时机。当客运服务人员理解了对方的谈话内容,正确把握了对方的情感,明确了其要提问的问题时,一定不要着急,等对方充分表达完后,再提问。这样可以表示尊重,同时也避免打断对方谈话的思路。提问的时机也不可太迟,如果某个话题已经说过很长时间了,再反过来提问,对方的思路会重新被打断,认为客运服务人员没有认真倾听,并且也会延长沟通的时间,势必对客运服务人员的沟通产生不好的影响。

(2)提问时征询型用语的合理使用。代表语言有:“请问”、“劳驾”,“您还有其他事情吗?”,“您别着急,请您慢点说。”,“需要为您做什么吗?”

小贴士

巧妙的提问方式给乘客以引导

(1)开放式提问:不限制答案的提问方式。如:“请谈谈您对我们列车的印象。”

(2)封闭式提问:确定事实的提问方式。如:“您需要一杯茶水吗?”,“需要我帮忙吗?”

(3)探讨式提问:就某一问题展开深入讨论的提问方式。如:“您看下一步该怎样处置更好?”

(4)反射式提问:就一个问题向不同的人寻求不同意见的提问方式。如:“先生,请教一下,您通常遇到类似的情况如何处理?”

四　沟通礼仪实训与指导

1　练习方法

(1)设计情景(如在寝室中),运用文明用语进行分组表演。

(2)收集轨道交通不同岗位的礼貌用语,结合正确的仪态、微笑、眼神和手势来表达语言,增强语言的表现力。组织分角色表演(可以扮演售票窗口工作人员、值班站长、乘客等)。

2　实训考核

(1)分组展示轨道工作人员在工作中的服务礼仪。

(2)自行设计对白及场景,内容包括:介绍、握手、递名片、步态、坐姿、站姿、服饰打扮、语言、岗位接待礼仪等内容。

(3)出场后先由同学介绍剧情、人物。

3　实训考核

实训考核内容见表2-8。

沟通礼仪实训考核评分表　　表 2-8

内容	服饰	站姿	坐姿	步态	手势	表情	语言	介绍	握手	接递物品	奉茶倒水	内容编排	总体印象	总分
小组	10	5	5	5	5	5	10	10	10	10	10	5	10	100
1														
2														
3														
4														
5														
6														
7														
8														

复习与思考

一、选择题

1. 下列说法正确的是(　　)

A. 对于客运服务人员来说,如果面部有较大损伤应及时向领导请假休息

B. 对于客运服务人员来说,在上岗之前需要照镜子,察看自己脸上有无异物

C. 客运服务人员的手指甲长度不应该超过指尖,不能做醒目的甲绘

D. 客运服务人员要保证自己的腋毛不外现

2. 客运服务人员的具体工作内容主要包括(　　)

A. 解答乘客问讯,引导乘客　　B. 维持车站秩序,巡视车站状况

C. 处理特殊事件　　D. 车站接发车作业

3. 作为客运服务人员,在引导客户时,进出电梯的顺序是(　　)

A. 如果是进电梯,服务人员先进电梯　　B. 如果是进电梯,服务人员后进电梯

C. 如果是出电梯,服务人员先出电梯　　D. 如果是出电梯,服务人员后出电梯

二、简答题

1. 简述 TPO 的基本原则。

2. 简述客运服务过程中常见的几种站姿以及其适用的场合。

单元3

城市轨道交通车站客运服务

教学目标

1. 明确车站客运服务的主要内容；

2. 掌握一卡通(储值票)充值服务、售票服务、补票服务及处理坏票服务的要点和细节，能够利用相关服务技巧处理乘客常见票务问题；

3. 掌握安检服务的要点和细节，减少乘客纠纷的产生；

4. 掌握自助售票服务和检票服务的要点和细节，能够利用相关服务技巧引导乘客安全快速地进出站；

5. 掌握乘客候车服务和车站广播服务的要点和细节，保证乘客在站台的安全。

建议学时

12学时

3.1 城市轨道交通车站客运服务的基本要求

城市轨道交通车站是面向社会的一个窗口，干净整洁、美观大方的车站站容和热情周到、礼仪规范的车站服务是城市轨道交通服务水平的重要体现。

车站客运服务人员每天面对着成千上万的乘客，一举一动、一言一行都体现着城市轨道交通的形象。除了车站环境干净整洁、列车安全正点运营外，客运服务人员的言行举止是构成城市轨道交通一流服务质量的关键要素。因此，车站客运服务人员应从仪容仪表、着装、行为举止、服务用语等方面严格要求自己，提高城市轨道交通的服务水平。

一 仪容仪表要求

为了树立良好的服务形象，城市轨道交通客运服务人员需要严格要求自己的仪容仪表，具体要求见表3-1。

仪容仪表要求　　表3-1

分类	基本要求	常见错误
发型	1. 整齐利落、清洁清爽； 2. 发长过肩的女性必须佩带有发网的头饰，将头发挽于发网内，且发网的最低位置不得低于衣领，头花端正； 3. 男性要剪短发，具体要求为“前发不附额，侧发不掩耳，后发不及领”； 4. 戴帽子时，应将刘海放入帽子内侧，帽徽应朝正前方，不得歪戴	1. 烫发、染发过度明显夸张； 2. 留怪异发型或漂染怪异发色； 3. 女员工长发遮挡脸部； 4. 男员工留长发、鬓角遮挡耳部

续上表

分类	基本要求	常见错误
面容	1. 女性上岗应着淡妆,保持清洁的仪容,避免使用味道浓烈的化妆品; 2. 男性应保持脸面洁净,不可留胡须; 3. 适时保持亲切的笑容	1. 化浓妆或怪异妆; 2. 工作时化妆; 3. 使用味道浓烈的化妆品; 4. 男员工留胡须
口腔	1. 保持牙齿、口腔清洁; 2. 定期除掉牙齿上的尼古丁痕迹; 3. 去除吸烟过多而引起的口腔异味	工作前食用葱、蒜、韭菜等带有刺激性气味的食物
指甲	1. 时刻保持指甲干净整齐,经常修剪; 2. 只可涂肉色和透明色指甲油	1. 指甲过长; 2. 使用指甲装饰品
佩饰	1. 可以佩戴的配饰有:风格简约的手表、婚戒(戒指不可过宽)、一对耳钉(女士); 2. 佩戴纯色镜架和无色镜片眼镜; 3. 饰品应自然大方,不可过度明显夸张	1. 佩戴有色框架眼镜; 2. 男员工佩戴耳部饰物

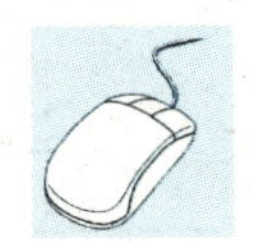

知识链接

五分钟化妆法(淡妆)

对于很多人来说,早晨的时间是最宝贵的,五分钟化妆法可以让人们在最短时间内化好妆,充满自信地迎接新的一天。

第一分钟清洁润肤:用性质温和的洗面奶洗完脸后,在皮肤尚湿的时候涂上润肤露。

第二分钟施遮瑕膏:遮瑕膏主要遮盖黑眼圈和脸上的瑕疵,一般乳液式的遮瑕膏使用起来相对节省时间。用海绵蘸上遮瑕膏从内眼角推向外眼角,也可涂在最宜红的嘴角和鼻翼两侧,然后再全面涂上粉底。

第三分钟施粉底霜:涂抹干粉或散粉,涂抹散粉后整个妆容会明显变得突出,如果想节省时间可以不涂抹粉底,直接使用湿粉扑上干粉在面上,也有涂上粉底的效果。

第四分钟画眼线:选择眼线液和眼线笔,从睫毛根部水平式地向外擦出,下眼帘一笔快速擦出。若想使眼睛看起来更明亮,可以涂抹一点眼影在眼角上。

第五分钟涂口红:最好选择颜色较浅的唇彩。

二 着装要求

城市轨道交通客运服务人员的服饰应整洁大方，并与城市轨道交通的工作性质相协调，具体着装要求见表3-2。

着装要求　　表3-2

分类	基本要求	常见错误
制服	1. 干净无褶皱； 2. 领口、袖口要保持整洁干净，衬衫放在裤子里侧； 3. 裤袋限放工作证等扁平物品或体积微小的操作工具，避免服装变形； 4. 季节更替时，应按规定更换制服，不得擅自替换	1. 缺扣、立领； 2. 在套装和衬衫的胸袋内放入钱包、硬币等物品； 3. 卷袖、挽裤
鞋袜	1. 穿着制服时应按规定穿黑色或深色的皮鞋，鞋面保持干净，黑色皮鞋配深色袜子； 2. 女员工着裙时，长袜颜色应选择与肌肤相贴近的自然色或暗色系中的浅色丝袜； 3. 皮鞋应定期清洁，保持干净光亮	1. 穿极度磨损的鞋及露脚趾、脚跟的鞋； 2. 穿图案过多的袜子和浅色袜子
工牌	1. 挂绳式工号牌照片和字面应朝向乘客，工号牌绳放在制服外侧； 2. 非挂绳式工号牌应佩戴在制服左上侧兜口的正上方位置，工号牌左下角应抵住西服兜口边缘，并与地面保持水平； 3. 佩戴党(团)徽时，应将党(团)徽佩戴于工号牌中上方	1. 胸牌上有装饰物； 2. 胸牌有损坏

三 行为举止要求

客运服务人员的行为举止体现了员工个人的文化素养和工作状态，用符合自身角色的标准仪态，更能为乘客接受，具体要求见表3-3。

行为举止要求　　表3-3

分类	基本要求	常见错误
站姿	1. 上身挺胸收腹，头正目平，双肩平齐，双手自然下垂或体前轻握，下身应保持双腿直立，脚跟并拢； 2. 女士站立时，双脚成“V”字形或“丁”字形，双手相握叠放于腹前或双手下垂放于裤缝边； 3. 男士站立时，两脚分开与肩同宽，双手下垂放于裤缝边或叠放于腹前或放在背后	1. 叉腰，抱膀，抖腿或把手插在衣袋内； 2. 站立时依靠在墙或其他物体上

续上表

分类	基本要求	常见错误
坐姿	1. 正面对准窗口，目光正视乘客，身体挺直，两腿自然弯曲； 2. 男士双腿可以稍微分开； 3. 女士双腿必须靠近并拢	1. 趴着，打瞌睡； 2. 用手托腮，侧身斜靠桌子； 3. 前俯后仰，把腿放在椅子上
步态	1. 上身正直，挺胸收腹，两肩自然放松，双臂自然摆动； 2. 与乘客相遇时，应主动点头示意并侧身避让	1. 大摇大摆、勾肩搭背； 2. 嬉戏打闹，左顾右盼
手势	1. 为乘客指引时，手掌稍微倾斜，掌心向上，五指并拢，前臂自然上抬，用手掌指路； 2. 指示方向时，应目视目标方向	1. 五指分开； 2. 用手指指点乘客
目光	1. 与乘客交谈或传递物品时，应坦然亲切，双眼正视乘客； 2. 与乘客视线接触时，应点头微笑表示尊敬	1. 俯视乘客； 2. 目光注视乘客时，总是盯着一个部位

四 服务用语要求

语言是为乘客服务的第一工具，城市轨道交通客运服务人员与乘客的交流主要是借助语言进行的，它对做好服务工作有十分突出的作用，具体要求见表3-4。

服务用语要求　　表3-4

分类	基本要求	常见错误
问候用语	1. 主动向乘客问好，常用的问候语有“您好”、“早上好”、“下午好”、“晚上好”； 2. 面带微笑，注视乘客	1. 一言不发； 2. 使用“喂”、“嘿”等不礼貌的语言
应答用语	1. 当乘客询问时，应双眼注视乘客，面带微笑：“您好，请讲！”； 2. 向乘客致歉时应说：“实在对不起！这是我工作上的失误！”、“给您添了许多麻烦，实在抱歉，请多多原谅！”等； 3. 受到乘客表扬时：“这是我们应该做的，请多提宝贵意见。”； 4. 当未听清楚顾客的问话时说：“很对不起，我没听清楚，请重复一遍好吗？”	1. 在回答乘客问题时，边走边回答； 2. 冷言冷语，漠不关心

续上表

分类	基本要求	常见错误
接听电话用语	1. 接听电话时要主动报出站名、岗位及自己的姓名:“××(车站),××(岗位),××(姓名),您好!”; 2. 询问对方时应使用敬语:“您好,请问您是哪里?”; 3. 在电话转接或中途需要暂时中断时应说:“对不起,请您稍等。”; 4. 当对方找的人不在时,应礼貌地询问对方的姓名,是否有事转告,并认真做好记录	1. 语气生硬,漫不经心; 2. 问一句,答一句
广播用语	1. 必须使用普通话,语速中等,语调平缓,音量适中,不可使乘客受到惊吓; 2. 吐字清晰,内容简洁明了	1. 声音刺耳; 2. 漏播、错播

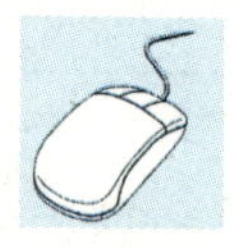

知识链接

乘客服务的常见用语见表3-5。

乘客服务的常见用语 表3-5

正确做法	不正确做法
您好!	一言不发
好啊! 没问题	好吧
不好意思,麻烦您重复一遍	什么呀
麻烦您,请您	您应该
对不起,我会立即处理	不是我的问题,您找其他人看看
麻烦您等一下,我会尽快为您办理	我现在真的很忙
我帮您看看	您可以去看指示牌
再见	拜拜

3.2 乘客服务中心服务

乘客服务中心(简称客服中心,图3-1)担负整个车站的票务工作,是车站最繁忙的场所之一,其服务水平的高低直接影响整个车站的服务质量。

图3-1　乘客服务中心

一　乘客服务中心服务的基本职责

(1)执行相关规章制度,做到有令必行,有禁必止。

(2)承担整个车站的售补票工作和一卡通充值服务,保证票款的正确和安全,并在规定的时间开关售票窗口。

(3)帮助乘客换取福利票、兑换零钱,负责处理票务问询的相关工作,热情接待乘客,按规定妥善解决乘客提出的问题。

(4)对无法进出站的乘客票卡进行分析,并按规定处理乘客的无效票和过期票。

二　乘客服务中心服务的基本要求

(1)必须佩戴工号牌,做到仪表整洁、仪容端庄。

(2)工作时,应精神饱满、思想集中,不与同事闲聊。

(3)售票时,应做到准确无误;对乘客表达不清楚的地方,要仔细询问清楚,以免出错。在任何情况下,车票、收据与找赎应同时交给乘客,并提醒乘客当面点清找赎钱款。

(4)仔细聆听顾客的询问,耐心听取乘客的意见;在乘客说话时,保持眼神接触,并且点头表示明白或给予适当回应。

(5)业务熟练,工作有序、高效。

(6)对于来到客服中心的乘客,应主动问好,耐心并有礼貌地向他们收集信息,了解乘客的需要,解决乘客遇到的问题,如未听清乘客的需要,必须有礼貌地说:"对不起,麻烦您再讲一遍"。

三 售票服务

1 售票服务的具体流程

在乘客购买单程票卡时,售票员应该严格执行"一迎、二收、三唱、四操作、五找零、六告别"的程序,具体流程见表3-6。

乘客服务中心售票流程 表3-6

程　序	内　容
一迎	1. 面带微笑迎接乘客: "您好,请问您去哪儿?" "需要几张票?" "共×××元。" 2. 不能面无表情,无精打采
二收	1. 面带微笑向乘客说:"您好,收您×××元。" 2. 接过票款后,进行验钞。 3. 不能一言不发

续上表

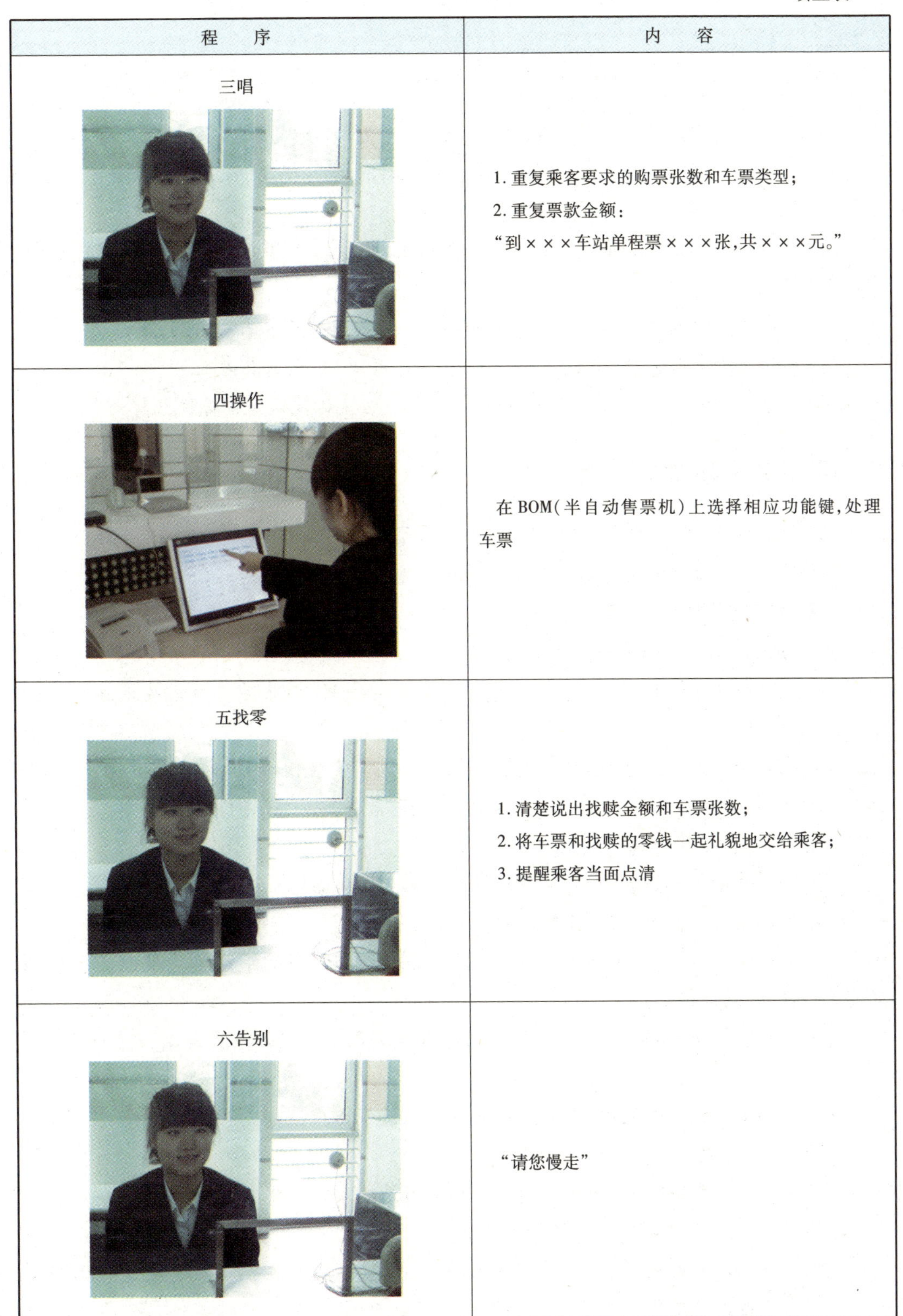

程　　序	内　　容
三唱	1. 重复乘客要求的购票张数和车票类型； 2. 重复票款金额： “到×××车站单程票×××张，共×××元。”
四操作	在BOM(半自动售票机)上选择相应功能键，处理车票
五找零	1. 清楚说出找赎金额和车票张数； 2. 将车票和找赎的零钱一起礼貌地交给乘客； 3. 提醒乘客当面点清
六告别	“请您慢走”

想一想

如果售票员在售票的过程中,有乘客过来问路,应该如何处理?

和站台、站厅的站务员不同,票务员的主要工作是票务服务,如果有乘客问询相应乘车路线或换乘方案时,我们应该灵活处理:

(1)首先,视情况判断,如果当时排队人龙较长,可以要求其他同事帮忙或指示乘客前往适当的查询地点;

(2)如排队乘客很少,应耐心告知,不要使用"可能、大概"等不确定的话语;

(3)如果自己不熟悉时,不能主观臆断地告之乘客,应该告诉乘客:"对不起,我不清楚,我帮您询问其他工作人员。"如果最后还是不清楚,应礼貌地向乘客进行解释。

2 售票服务的常见问题处理

(1)乘客给付的纸币出现残缺

当乘客给付的纸币出现残缺时,应按照以下规定处理:

①不接受缺损四分之一以上的纸币。

②不接受辨认不清面值的纸币。

③除上述两种情况外,所有人民币都应该按规定收取(再小的零钱也要接受,不论数量多少)。

④如乘客给付的残钞按规定不能接受时,站务人员应在拒绝收取的同时,礼貌地向乘客解释原因:"对不起,您给我的纸币×××××,麻烦您换一张,谢谢合作"。

(2)乘客给付的是假钞

当发现乘客给付的是假钞时,应尽量避免让乘客感到难堪:

①不告诉乘客是假钞,只要求乘客更换:"不好意思,请您换一张纸币。"

②如果提醒无效,应向乘客解释原因:"不好意思,您给我的纸币不能被设备识别,麻烦您换一张,谢谢合作。"

③如果乘客拒绝更换纸币以致干扰到正常服务时,可以报告值班站长或请求公安协助。

④如遇到数量较多的假币,应立即报告值班站长或请求公安出面处理。

(3)找不开零钱时

当遇到找不开零钱时,不要直接建议乘客去另外的入口处买票或充值。

①应礼貌地询问:"对不起,请问您有零钱吗?"

②如果乘客没有零钱,应向乘客表示抱歉:"对不起,这里的零钱刚找完,请您稍等,我们马上备好零钱或麻烦您到对面的票亭兑换。"

(4)当乘客在客服中心窗口前排起长队时

当发现乘客在客服中心窗口前排起长队时，一定要对乘客作适当的安抚：

①对等待已久的乘客或感觉不耐烦的乘客要说："对不起，请您稍等，我们会尽快办理。"

②如果需要较多的时间接待某位乘客，可以向其他同事请求帮助。

③假如排队的乘客中有投诉时，应先说："不好意思，让您久等了，我会尽快帮您处理。"

(5)发现有乘客插队时

当发现有乘客插队时，应用礼貌但又坚定的语气告诉他："麻烦您先排队，我们会尽快为您服务的。"

(6)当乘客要求退票时

①首先，要说明车站的制度，并向乘客表示抱歉："对不起，按照规定，我们不能帮您退票。"

②向乘客解释单程票卡不能退票。

③如要办理储值票退票，则需要到指定的储值票发放点办理。

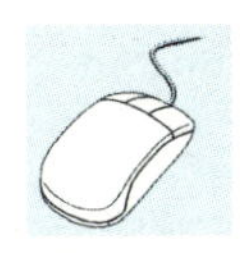

知识链接(图3-2)

北京地铁的票务政策

第一条：成人带领一名身高不满1.2m儿童乘车时，儿童免票。按照"儿童在前，成人在后"刷卡通过闸机，一名成人只能携带一名免票儿童。

图3-2　闸机

第二条：在车站A购买的单程票不能在车站B使用，票卡必须是当日当站使用，单程票卡原则上不接受退票服务。

第三条：因单程票卡不能识别无法正常出站时，乘客应当持单程票卡到补票处免费换取出站票。

第四条：因使用或保管不当造成单程票卡明显损坏，乘客应当支付单程票卡成本费后领取出站票。

第五条：凡翻越闸门、围栏等违规进、出车站付费区者，按本市有关规定补足十倍乘车费用后，领取出站票出站。

(7)当乘客告诉你售票机发生故障时

①应该说："多谢您的通知，我们会尽快办理。"

②必须立即处理或通知相关人员处理,使乘客觉得事件受到关注。

(8)当遇到情绪反应较大的乘客或难以处理的个案时

①将乘客带往办公区休息室等地方。

②在处理过程中应有不少于两个人在现场。

③倾听乘客的需求。

④不要一味地否定乘客的表述,即便是乘客的表述存在问题。

⑤如果在处理过程中发现无法独自处理此事,需及时联系上级主管,取得帮助,应明确告知乘客,表示对此事的重视。

想一想

在处理票务事务的过程中,当乘客恶语相向或用带有侮辱性的语言时,我们应该如何处理?

练一练

模拟现场,分组实施(乘客组、工作人员组、检查人员组),利用所学知识帮助处理下列问题:

场景1:一乘客购票时使用一张假钞并拒绝更换。

场景2:乘客认为票务员在售票过程中少找钱了,要求票务员返回少找的钱款。

四 一卡通(储值票)充值服务

1 一卡通充值服务的基本流程

在进行一卡通充值时,应严格遵守"一迎、二收、三确认、四找零、五告别"的程序。

2 一卡通服务常见问题处理

(1)当乘客需要的某些一卡通服务在车站无法办理时

①首先给乘客适当的安抚,向乘客表示抱歉:"对不起,目前车站无法办理此项业务。"

②向乘客解释车站没有办理此项业务的权限。

③如果乘客办理退卡,告知乘客可以到指定的网点办理退卡,并告诉乘客离本车站最近的网点位置。

(2)当乘客的一卡通(图3-3)无法刷卡进站时

图3-3　一卡通

①首先，查询乘客一卡通的基本信息，判断无法进站的原因。

②如果一卡通余额不足，则礼貌地提醒乘客充值或购买单程票卡进站："您好，您的票卡余额不足，请您充值后使用，谢谢合作。"

③如果乘客已有本次进站记录，可以告知乘客一张卡只能一人使用，避免出现一卡多人进站的问题。

④如果一卡通无上次出站记录，则补写出站信息，扣除相应的费用，并提醒乘客出站时也需要刷卡。

⑤如果一卡通消磁，则礼貌地提醒乘客购买单程票卡进站，并建议乘客可以到指定网点办理换卡的手续。

(3)当乘客的一卡通无法刷卡出站时

①首先，查询乘客一卡通的基本信息，判断无法出站的原因。

②如果一卡通没有进站记录，则询问乘客上车的车站，补写进站记录。

③如果一卡通消磁，可以建议乘客到指定网点办理换卡手续，由工作人员带领出站。

想一想

一卡通无法进站的原因有哪些？

五　发售福利票、处理坏票及其他票务问询服务

1　福利票服务

(1)主动问候乘客："您好，请出示您的证件。"

(2)"请您稍等。"双手接过乘客的相关证件，核对乘客所持有的免费证件是否有效。

(3)如实填写《福利票换领记录》，并要求乘客签字确认。

(4)"请您收好，慢走。"将福利票双手递给乘客。

小贴士

如遇到持有《残疾证》(视力残疾)的盲人乘客，在向其发放福利票的同时，也需要向其一名陪同人员发放一张福利票。

知识链接

换取福利票的相关规定（北京）

根据北京市政府相关规定，以下人员可持证换领福利票：

（1）离休干部持《离休证》；

（2）残疾军人持《残疾军人证》，伤残人民警察持《伤残人民警察证》；

（3）现役士兵（含武警士兵）持《士兵证》；

（4）盲人持《残疾证》；

（5）其他可换领福利票的人员及所持证件，以票务收益室通知为准。

2 当乘客的单程票卡不能正常出站时

（1）首先，要先安抚乘客，表示道歉。

（2）简单查询票卡的基本信息，如果无法识别，则免费换取出站票。

3 如果乘客因使用不当造成单程票卡明显损坏时

（1）首先，应适当地安抚乘客："很抱歉，您的票卡已经损坏，无法正常刷卡。"

（2）要求乘客支付单程票卡的成本费，向乘客耐心解释车站的规章制度。

（3）帮助乘客换取出站票出站。

3.3 站厅服务

如图3-4所示，车站站厅是车站的门面和窗口，其服务水平的高低是乘客对车站服务产生深刻印象和作出评价的重要依据。现阶段，随着客流量的大量增长，乘客文化层次差异的扩大，给站厅服务增加了新的难度。如何提高站厅服务质量、减少乘客投诉的发生已成为现阶段亟待解决的问题之一。

图3-4　车站站厅

一　站厅服务的基本职责

(1)执行相关规章制度,做到有令必行,有禁必止。

(2)密切注意站厅乘客动态,发现有违反地铁规定(如精神异常、醉酒的乘客等)的要及时应予以制止。

(3)帮助乘客、回答乘客问询,特别注意帮助老、弱、病、残等有困难乘客。

(4)引导乘客正确操作票务设备,巡视车站自动售检票设备的运行情况,协助票箱、钱箱的更换或清点工作。

(5)负责巡查站厅、出入口,保证设备设施的正常运行。并做好相关巡查记录,发现安全隐患时应及时报修,发现有故意损坏地铁设备的应及时制止,并上报。

二　站厅服务的基本要求

(1)必须佩戴工号牌,做到仪表整洁、仪容端庄。

(2)工作时,精神饱满、思想集中,不准闲聊。

(3)发现乘客携带超长、超大、超重物品时,应禁止其进站,并做好相应的解释工作。

(4)遇到乘客不能进出站现象,要礼貌地引导乘客到客服中心进行票卡分析。

(5)遇到漏票现象,要态度平和地要求乘客去客服中心进行补票,切不可与乘客争吵或讽刺挖苦乘客。

(6)留意地面卫生,发现积水、垃圾、杂物等应及时通知保洁人员处理,同时设置警示牌(图3-5),防止乘客摔倒。

(7)负责站厅、出入口的客流组织工作，防止乘客过分拥挤，必要时采取相应的限流措施。

(8)遇到老人、儿童等需要帮助的乘客，要适当留意，协助他们尽快出站。

图3-5　小心地滑警示牌

三 安全检查服务

1 安全检查服务的基本流程

安全检查(以下简称安检)作为与乘客安全息息相关的一项工作，必须严格、规范执行。检查人员也应该以规范的服务流程完成安全检查工作，具体流程见表3-7。

安检服务流程　　表3-7

程　序	内　容
一迎 	检查之前，应主动提示："您好，请接受安检，谢谢您的合作。"
二操作 	检查时，应主动伸手去帮助乘客把包放到检测仪上或抬到桌子上
三告别 	检查之后应向乘客表示感谢："给您添麻烦了，请您慢走。"并帮助乘客把行李从监测仪上拿下来

2 安检服务常见问题处理

(1)发现乘客携带超长、超重物品时

①提醒乘客:“对不起,您不能携带超长(超重)的物品进站。”

②耐心地解释地铁相关规定,建议乘客改乘其他交通工具。

③如遇到态度强硬、固执的乘客,首先让乘客了解:他的情况很难处理,如果乘客认为东西太重,不愿意出站,可以寻求其他同事帮助乘客。

④如果乘客坚持搭乘,则可要求警方协助。

(2)发现乘客包内有违禁品时

①把包拿到一边进行详细检查,避免当着所有乘客的面检查包内违禁品,让乘客感到难堪。

②耐心地解释地铁相关规定,向乘客详细指出哪些物品属于违禁品。

③如遇到态度强硬、固执的乘客,可以寻求其他同事帮助乘客。

(3)出现客流高峰时

①婉转提醒乘客加快速度,并提醒后一位乘客做好准备,避免出现拥挤忙乱的现象。

②如果乘客过多,可以采用手持检测仪进行检查,如图3-6所示,以加快安检的速度。

图3-6　工作人员用手持检测仪进行检查

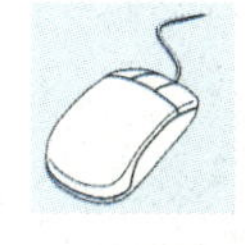

知识链接

北京地铁违禁品规定

第一类　枪支、军用或警用械具类(含主要零部件)。具体如下。

①公务用枪和民用枪:手枪、步枪、气枪、猎枪、麻醉注射枪等。

②其他枪支:样品枪、道具枪、发令枪、打火机枪、仿真枪等。

③军械、警械、警棍等。

④国家禁止的枪支、械具:钢珠枪、催泪枪等。

⑤上述物品的仿制品。

第二类　爆炸物品类，主要包括以下几种。

①弹药：各类炮弹和子弹等。

②爆破器材：炸药、雷管、手雷、导爆索、打火机等。

③烟火制品：礼花弹、烟花、爆竹等。

第三类　管制刀具，主要包括以下几种：

①匕首、三棱刀(包括机械加工用的三棱刮刀)。

②带有自锁装置的弹簧刀。

第四类　易燃易爆品，具体如下：

①汽油、柴油、松香油、油纸、过氧化氢等。

②2kg 以上的白酒、氢气球。

第五类　毒害品。主要包括氰化物、汞(水银)、剧毒农药等剧毒化学品以及硒粉、生漆等。

第六类　腐蚀性物品。主要包括盐酸、氢氧化钠、氢氧化钾等以及硫酸、硝酸、蓄电池等。

第七类　放射性物品。主要有放射性同位素等放射性物品。

第八类　国家法律、法规规定等其他禁止乘客携带的物品。具体如下：

①禁止携带超长(1.8m 以上)、笨重物品(如自行车、洗衣机、电视机、台式电脑显示器、电冰箱、组合音响等物品)乘车。

②禁止携带动物以及妨碍公共卫生、车辆通行和危害乘客安全(如玻璃及易碎玻璃制品)等物品乘车。

四 自助售票服务

1 当乘客初次使用自动售票设备时

(1)耐心指导乘客如何使用自动售票设备(图3-7)，尽量让乘客自己操作，注意避免直接接触乘客财物，以免发生不必要的纠纷。

(2)耐心指导乘客如何刷卡进站，并提醒乘客要妥善保管票卡，出站票卡需要回收。

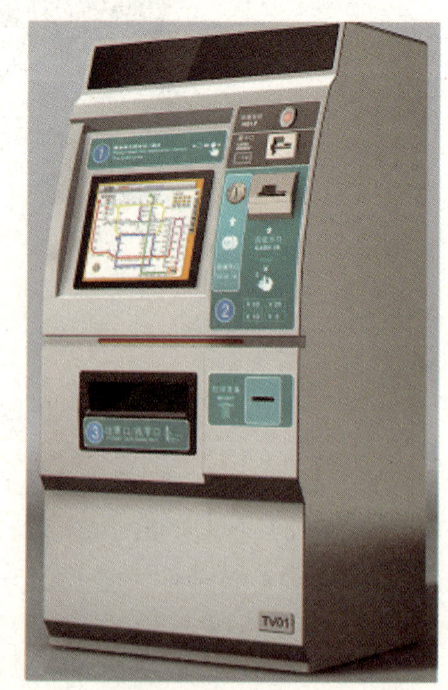

图3-7　自动售票设备

2 当乘客反映售票设备出现卡币时

(1)检查设备状态，如显示卡币，则按规定办理。

(2)如显示正常，则由站务人员指导乘客购票。若卡币，则按规定为乘客办理；若无卡币，向乘客解释:"对不起,经我们核查,目前机器没有出现故障,按照规定我们不能为您办理,请您谅解和合作。"

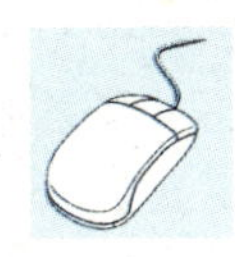

知识链接

如何使用自动售票设备购票

(1)选择目的车站和购票张数(图3-8)。

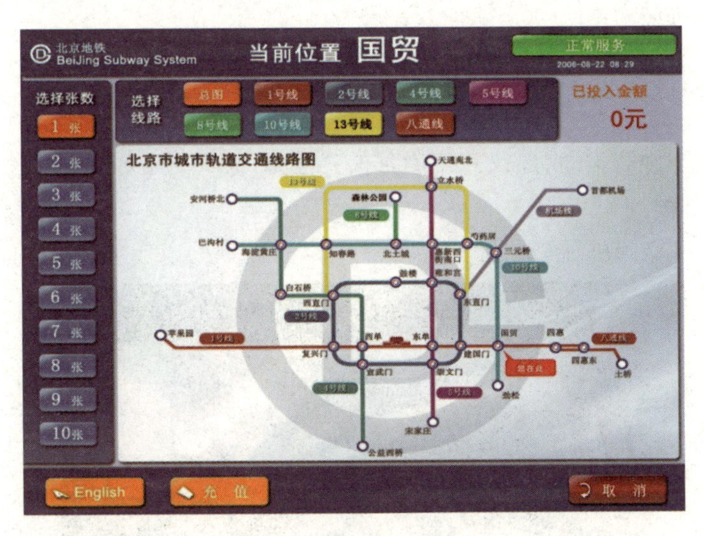

图3-8　选择目的车站及购票张数的操作页面

(2)投入对应数量的硬币或纸币。

(3)点击确定按钮,在下方出票口处取出票卡及找零硬币(图3-9)。

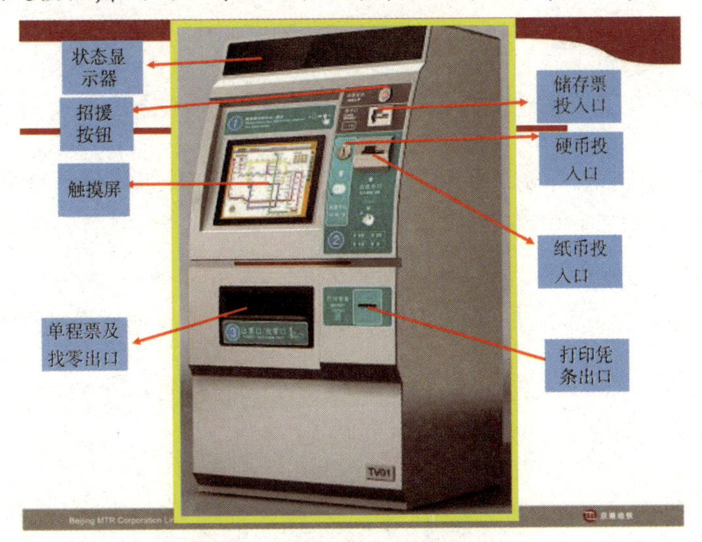

图3-9　自动售票设备外部结构

五 进出站服务

1 当乘客初次使用车票时

(1)耐心地告诉并指导乘客:“请您在××区域刷卡,出站时回收票卡,请妥善保管,谢谢您的合作。”

(2)必要时协助乘客使用票卡。

2 当乘客携带大件行李时

(1)礼貌地与乘客沟通,建议其使用直梯:“您好,您的行李较多,为了您的安全,请使用直梯,谢谢您的配合。”

(2)引导其从宽闸机(图3-10)进站。

图3-10 地铁闸机(最左侧为宽闸机)

3 当发现成人、身高超过1.2m的小孩逃票或违规使用车票进站时

(1)应立即上前制止,并要求其到售票处买票:“对不起,您的孩子身高超过了1.2m,请您买票,谢谢您的配合!”

(2)若乘客故意为难工作人员,可以找公安配合。

(3)若发现违规使用车票的乘客,可按法制程序执行,必要时找公安配合。

小贴士

如果有儿童进站,则礼貌地提醒乘客按照“儿童在前,成人在后”的原则刷卡通过闸机,或建议乘客抱起孩子进出闸机。

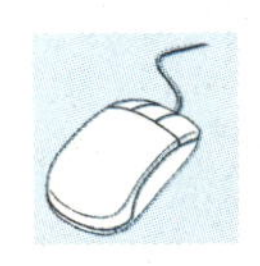

知识链接

中国香港地铁的贴心服务

如图3-11所示，在香港地铁，把测量身高用的简单而又呆板的尺子，做成卡通的模样，能吸引小朋友的注意力，小朋友可以自觉过来测量身高，为车站工作人员提供了方便，真正体现了地铁的人性化服务。

图3-11　香港地铁测身高的尺子

4 当乘客无法刷卡进站时

(1)先了解情况，礼貌地向乘客询问是否已经刷卡。

(2)如了解情况后，仍不能解决，则指引乘客前往客服中心办理。

(3)礼貌地用手掌指示前往的方向。

(4)若情况许可，最好能陪同乘客前往解决问题，以免乘客重复提出问题和要求。

想一想

下列哪些情况下，地铁工作人员可以拒绝乘客进站呢？

(1)拒不接受安检的乘客；

(2)携带违禁物品的乘客；

(3)乞讨人员、小摊贩等。

5 当乘客出站卡票时

(1)查看闸机的状态，发现确实卡票，则按规定办理。

(2)找到车票后，向乘客询问该车票的信息，确认车票是否为该乘客的，并做好相应的解释工作。

(3)若车站计算机没有报警，打开闸机也没有找到车票，请AFC(自动售检票系统)维修人员到现场确认。如情况属实，对乘客做好解释工作。

六 特殊乘客(老、幼、病、残乘客)进出站服务

1 老年乘客进出站

(1)礼貌地建议年老的乘客搭乘直梯或走楼梯。

(2)如果乘客坚持使用自动扶梯,则由站务人员陪同老人一起搭乘,并送至站台。

2 年幼乘客进站

(1)年幼乘客需在大人的陪同下才可允许其进站,提醒乘客遵循儿童在前、大人在后的刷卡进站原则。

(2)遇到带有婴儿车的乘客可以提醒其从直梯进出站。

3 遇身体不适的乘客

(1)遇身体不适的乘客,要及时上前询问情况。

(2)带乘客去休息室或综控室休息,并帮乘客倒水。

(3)如果乘客稍作休息之后,仍无好转,可以征求乘客的意见是否需要帮忙叫救护车或通知家人。

4 残疾乘客进出站

(1)如果有直梯,应帮助残疾乘客乘坐直梯进出站。

(2)如果没有直梯,则安排并帮助乘客乘坐残疾人专用电梯(图 3-12)。

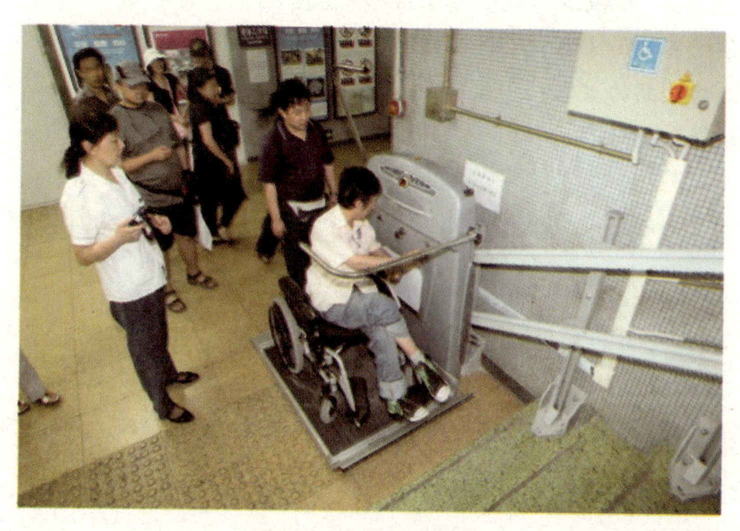

图 3-12　残疾人专用电梯

3.4 站台服务

如图3-13所示，站台服务是车站服务的重要组成部分，在早晚高峰时，站台上来往乘客较多，稍有疏忽，就有可能发生安全事故，尤其是在乘客上下车时容易混乱，工作人员和乘客之间也容易发生纠纷。因此，站台服务需要将安全理念和服务技巧相结合。站台服务主要包括：乘客候车服务、乘客安全服务、重点乘客服务、问询引导服务、乘客广播服务、乘客秩序维护等。

图3-13　地铁车站站台

一 站台服务的基本职责

（1）执行相关规章制度，做到有令必行，有禁必止。

（2）注意站台乘客的候车动态。在没有设置屏蔽门的站台应提示乘客站在黄色安全线以内候车，及时提醒特殊乘客注意安全（如对不便乘坐扶梯的乘客应提醒其走楼梯），提醒乘客不要依靠屏蔽门等。

（3）车门或屏蔽门关门时，应确认其工作状况。发现未关闭好时，应及时向综控室报告，并负责处理屏蔽门故障。

(4)帮助乘客,回答乘客问询。

(5)特别注意帮助老、弱、病、残等有困难乘客上下车。

(6)负责站台设备的安全。

二 站台服务的基本要求

(1)必须佩戴工号牌,做到仪表整洁、仪容端庄。

(2)工作时,精神饱满、思想集中,不准闲聊。

(3)保持站台环境清洁,注意站台设备的工作状况,如发生故障,应及时维修,以免引起乘客的不便。

(4)注意乘客安全,个别乘客站在安全线以内时,应给予适当提醒。协助乘客安全进出车厢,维持站台秩序,方便开关车门(图3-14)。

图3-14 站务人员通过监视器监控站台乘客的安全

(5)留意站台上乘客的需要,如看到乘客有任何困难(身体不适、行动不便等),应主动上前了解情况,并尽量提供帮助,必要时可以向其他同事请求协助。

(6)遇到特殊事件时,能正确及时地进行站台广播。

想一想

站台设备主要包括哪些?当这些设备发生故障时,站务员应该如何处理?

三 乘客候车服务

1 当乘客站在黄色安全线以外候车时

(1)应及时提醒乘客:“为了您的安全,请在黄色安全线以内候车。”

(2)如果乘客没有退后,应立即上前制止该乘客的行为。

2 当乘客采用蹲姿候车时

(1)应及时上前了解情况,看乘客是否有身体不适。

(2)如没有,应提醒乘客:“为了您的安全,请勿蹲姿候车”。

3 当乘客身体不适时

(1)应主动上前询问情况,并指引他们到候车椅上休息。

(2)如果情况严重,则通知车站综合控制室处理。

4 当乘客在站台上吸烟时

如发现乘客在站台上吸烟,应立即上前制止,并有礼貌地解释:“对不起,为了安全,车站内不允许吸烟,请您灭掉烟头,谢谢您的合作。”

5 当乘客企图冲上正在关门动作中的列车时

如果乘客企图冲上正在关门动作中的列车,应阻止乘客(避免和乘客有直接碰触)并有礼貌地提醒:“请勿靠近车门,下次列车将于××分钟进站,请等候下班列车。”

6 当乘客在站台上逗留时

若发现有长时间逗留在站台不出站的乘客,应主动上前询问情况,避免发生逗留的乘客跳轨等紧急情况的发生。

7 当乘客有物品掉下轨道时

(1)站务员应立即提醒并安抚乘客:“为了您的安全,请勿私自跳下轨道,请您放心,我们工作人员会尽快为您处理。”

(2)告知乘客将于运营结束后下轨道拾回物品,请乘客留下联系方式,第二日到车站领回物品。

8 当乘客坐轮椅上下车时

（1）主动上前了解情况。

（2）使用渡板（图3-15）帮助轮椅乘客上下车。

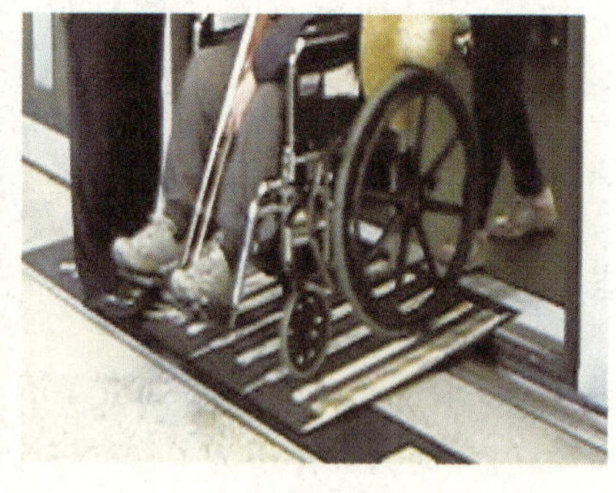

图3-15 渡板

四 问询引导服务（图3-16）

有的乘客在候车时，往往是骑马找马，到了站台站在指示牌前，也会焦急地问站务员："请问到××坐哪个方向的车？""请问到××从哪个出口出站？"作为站务员，一定不能表现不耐烦，而应该耐心地详细解答。具体细节如下：

（1）用手掌指示方向。比较标准的引导手势是：手掌伸平，五指自然收拢，掌心向上，小臂稍向前伸，指向乘客要去的方向，不要伸出一个手指头，指指点点。

（2）解答时使用敬语。"您可以往××方向走。"

（3）乘客表示感谢时应礼貌回答"不用谢"或"这是我们应该做的"。

图3-16 问询引导服务

（4）如果乘客提出的问题，站务员无法给出确切的答案，需要向乘客解释，提示乘客需要到附近再核查一下。不要直接回答"不知道"，也不要回答一些误导性或错误信息给乘客。

练一练

在站务人员的日常工作中，很多情况下都需要为乘客指路，为乘客指示方向的手势有哪些注意事项呢？

应注意以下几点：

(1)手臂要从腰边顺上来，五指并拢，打手势时切忌五指张开或表现出软绵绵的无力感。

(2)视线随之过去，很明确地告诉乘客正确的方位。

(3)待乘客离去后，再将手臂收回。

五 乘客广播服务

遇到特殊事件时，站务员需要正确及时地进行站台广播。

1 语音广播

站务员应尽量使用语音广播，并注意如下事项：

(1)广播是否清晰准确。

(2)音量大小是否过大/过小。

(3)广播是否适时地重复。

(4)广播是否在适当的地点播出。

2 人工广播

人工广播一般在应急或特殊情况下采用。应注意以下事项：

(1)先提醒乘客注意："乘客请注意，……。"

(2)用简洁的语言告知乘客发生的具体事件。

(3)对给乘客带来的不便表示歉意。

(4)对乘客的配合表示感谢。

(5)语速适中，口齿清楚，语调清晰。

想一想

当你从闭路电视系统看到有小孩在站台上追逐打闹，你应该如何广播？

复习与思考

一、简答题

1. 列举乘客无法刷卡进站的原因。

2. 列举乘客无法刷卡出站的原因。

3. 在乘客服务中心服务中,哪些环节容易和乘客发生冲突? 应该如何避免?

4. 在站厅服务中,哪些环节容易和乘客发生冲突? 应该如何避免?

5. 在站台服务中,哪些环节容易和乘客发生冲突? 应该如何避免?

二、案例分析

网易新闻:上海地铁2号线相继出现“超人”、“鹿人”等“行为艺术”后,2008年10月17日,2号线上惊现“木乃伊”。17日,网友称地铁2号线开到上海科技馆站时,突然上来一个全身裹着白色纱布的形似“木乃伊”的人。该“木乃伊”一上车,很多人都拿出相机拍照。“木乃伊”时不时与乘客打招呼,甚至试图握手,把一位女乘客吓得用书遮面,大叫“快走开,太恐怖了!”。期间,木乃伊还在一个空位上坐了一会。

(1)对于上述案例,该“木乃伊”的出现会给车站的日常工作带来哪些困难? 会出现哪些安全隐患?

(2)作为车站工作人员,为了不影响其他乘客,可以拒绝该“木乃伊”进站吗?

(3)如果你是当班站务员,你如何处理?

处理要点:

(1)告知乘客不要在车站长时间逗留。

(2)询问乘客要到达的车站,告知要到达的车站人员做好准备。

(3)派人跟随、避免围观,直至送上列车。

单 元 4

城际轨道交通客运服务

教学目标

1. 掌握城际轨道交通安检服务、问询服务、车站售检票服务、候车服务的要点和细节；

2. 掌握城际轨道交通迎送乘客服务和列车服务的要点和细节。

建议学时

8 学时

城际轨道交通服务对象是来自不同国家，不同地区，不同文化层次，不同职业、年龄、地位，不同风俗习惯的乘客，任何一个服务环节出现问题都会降低乘客对整个旅行过程服务质量的满意度。因此，客运人员需要不断提高自身文化修养，掌握丰富的专业知识和服务技巧，了解乘客的服务需求及心理特点，来为乘客提供优质的服务。

4.1 城际轨道交通车站服务

乘客在整个旅行过程中首先接触到的是车站客运服务人员及其提供的无形运输产品——客运服务。所以，车站客服人员的礼仪素养及提供的服务是否符合乘客的要求，直接决定了乘客对城际轨道交通的第一印象。

一 城际轨道交通客运服务人员的基本要求

1 客运服务人员的基本素质要求

(1)身体健康，五官端正，持有健康证。

(2)上岗前应通过安全、技术业务培训，经理论、实际操作考试合格后，持证上岗。

(3)熟知岗位职责和作业标准，技术业务熟练，并了解其他岗位作业标准，具备与其他岗位联劳协作的能力。

(4)认真执行相关规章、制度、作业标准，具备妥善处理突发事件的能力。

(5)掌握基本的手语、英语的语言沟通方式，具备为聋哑乘客和外籍乘客服务的能力。

小贴士

实际操作考试通常是指客运服务人员对本岗位设施设备的实际操作及对本岗位工作流程的演练考试，目的是达到理论与实践相结合，提高工作人员的实际操作水平。

2 客运服务人员的基本礼仪要求

城际轨道交通客运人员的礼仪规范，是乘客评价客运人员服务以及中国城际轨道交通面貌的重要标准之一。客运人员的行为大方文雅、热情庄重，能在接触乘客时使乘客内心深处产生良好的感觉。

（1）仪容要求

①制服穿着统一规范。

②职务标志、肩章、胸牌、徽章佩戴齐全。胸牌及徽章应佩戴在左胸上方；臂章应佩戴在上衣左袖肩下四指处。

③精神饱满，仪容整洁，举止大方，表情自然。

④穿着与制服同色系的鞋子，不赤足穿鞋，不穿露趾鞋。

⑤女性客运人员应淡妆上岗，佩戴首饰应简洁大方，长发应盘起，不染彩色指甲、头发，保持仪容清新整洁。男性客运人员应保持面部清洁，不得蓄胡须、留长发，不佩戴首饰。

（2）仪态要求

①车站客运人员的站姿要给乘客留下挺拔、舒缓、健美的印象。

②行姿要“轻、稳、灵”，不要给乘客留下忙乱无章、慌慌张张的感觉。

③坐姿要稳，并注意手脚的空间位置，要表示对客人的尊重。

3 客运服务人员基本服务要求

（1）服务语言要求。使用普通话服务，服务语言表达规范、准确，口齿清晰。运用“请、您好、谢谢、对不起、再见”等文明用语。对乘客称呼得体，统一称呼时为“各位乘客”；个别称呼时为“同志”、“小朋友”、“先生”、“女士”等。

（2）面对乘客问询要先打招呼，并面向乘客站立回答。要尊重乘客的民族习俗和宗教信仰。

（3）处理乘客投诉时，应以公正、诚实、守信的原则，按规定及时妥善处理，并向乘客做好反馈工作。

（4）列车晚点要及时通告，保持信息透明畅通，严格执行晚点道歉制度，并积极为乘客做好服务工作。

二 车站主要服务项目

1 安全检查服务

城际轨道交通车站采用的是封闭式候车厅，具有高密度人流聚集的特点，城际线运营的列车也是全列封闭车厢,所以对乘客携带物品的安全性提出很高的要求。特别是近年来世界各国恐怖活动频繁发生,为确保乘客旅行过程中生命财产不受威胁,作为乘客出行的首发地——车站的安全检查工作必须严格、规范。具体要求如下:

(1)检查前,应主动向乘客问好:"您好,请您接受安检。"

(2)大型行李包裹应使用X光透视机检查仪(图4-1)进行检查;对于乘客随身携带的手包及贵重物品应使用手持金属探测器(图4-2)进行检查;特殊时期或有特殊需要,应由公安携警犬加强检查力度。

图4-1　X光透视机检查仪

图4-2　手持金属探测器

(3)检查过程中,如果乘客行李过多,应主动伸手帮助乘客将行李放到检测仪上。

(4)检查后应向乘客表示感谢:"给您添麻烦了,谢谢您的合作,再见。"

(5)如果安检时发现违禁品,应耐心向乘客指出哪些是违禁品,并说明违禁品的处理方法。注意自己说话的语气和态度,避免让乘客感到难堪。

(6)当遇到乘客不耐烦时,要学会使用"对不起"。毕竟安检工作会给乘客带来麻烦,要主动道歉,并对乘客的配合表示感谢。

(7)如果乘客拒绝接受安检,服务人员切记不能大喊大叫,更不能蛮横无理。要耐心地说服乘客:“为了您和他人生命财产的安全,请您配合我们的检查,谢谢合作。”

想一想

安检工作中经常会遇到乘客携带属于管制刀具的工艺刀具纪念品,工作人员应如何处理?

乘客在旅游过程中通常会购买武术、工艺、礼品等刀具,如被认定属于管制刀具范围,车站安检人员应按照相应规定处理。

(1)建议乘客由与其同行的送行人员带回或按规定通过托运、邮寄等方式运送。

(2)如属于不能运送范围或没有同行人员带回时,应按照车站关于违章携带品处理规定进行处理。

(3)在处理过程中,乘客难免会情绪激动,安检人员一定要耐心向乘客解释。

2 问询和人工引导服务

车站为乘客提供的服务中最重要的是信息服务,即向乘客提供有关出行的一切信息,并将乘客对信息的接受程度以及对服务的感知程度记录下来并进行反馈,从而不断地对自身服务进行完善,更好地满足乘客的需求。所以车站必须为乘客提供良好的问询、解答以及人工引导服务。

(1)设立乘客服务台(也称咨询台,图4-3),主要提供问询服务及乘客意见反馈。

图4-3　车站咨询台

在车站候车大厅中央部位设立乘客服务台，设置业务熟练、经验丰富的服务人员一名，主要为乘客提供出行信息问询服务，列车到发信息查询服务，本市交通查询服务，人工引导服务，大件行李运送服务，简易医疗处理问题，外籍乘客及残障乘客帮助，乘客意见反馈等服务。

（2）设置值班室及值班电话，主要解答乘客疑问及处理乘客投诉。

车站一般应设立值班室并配备值班员一名、值班电话一台。值班室24h接听乘客电话，值班员必须具备良好的业务能力和沟通技巧，随时解答乘客疑问，并对乘客的投诉予以及时处理。

接听电话回答乘客疑问时，应语气温柔、语速适中。首先向乘客问好，对接听人员身份进行自我介绍，耐心倾听乘客问题，依据规章制度针对问题做出解答。并询问乘客是否满意，对超出自己业务范围内的问题，应坦诚说明，并留下乘客的联系方式，过后将解决情况及时向乘客反馈。

受理乘客投诉时，应先稳定乘客情绪，耐心倾听乘客投诉，了解情况后开始对话沟通和交流，对乘客真诚相待，并对乘客提出的问题积极反应，设身处地为乘客着想，尽量减少乘客利益的损失，让乘客参与解决方案，最终对投诉做出合理处理。

将日处理问题及投诉进行登记，做到有据可查，并进行汇总，以作日后处理问题的参考。

（3）加强引导设施建设以及人工辅助引导。

合理的引导可以帮助乘客简化在车站的乘车过程，缩短乘降时间。引导设施（图4-4）的设置必须人性化，简易易懂，设置位置应满足乘客乘降的最佳线路，达到乘客乘降便捷化、快速化。引导设施主要包括引导显示屏即文字视频的动态显示、引导指示牌等。引导设施应该设置在乘客行走路线最醒目的位置，采用的引导语言、引导标志应简洁直观。由于乘客年龄、文化层次、语言的不同，可能存在对引导语言和引导标志理解的差异，所以必须配备相应的工作人员进行人工辅助引导（图4-5）。工作人员在引导过程中应注意自身手势和指示的正确性，并特别注重对老、弱、病、残、孕乘客的引导帮助，主动上前询问，确保乘客乘降安全。

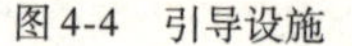
图4-4　引导设施

图4-5　工作人员在指导使用自助查询机

3 售票服务

(1)自助查询、售票设施

乘客出行首要关注的问题就是如何能快捷地得到出行信息和购买车票。城际轨道交通高密度公交化的发车频率,使得乘客需要一种可以随到随走的购票方式,大量自动查询机、自动售票机(图4-6)的投入使用满足了乘客这一需求。

图4-6　自动查询、售票设施

(2)人工售票

尽管自动售票机的使用使得乘客购票更为简便,但是对于部分乘客来说仍喜欢选择人工售票(图4-7),特别是当自动售票机发生故障,或者客流猛增时,人工售票仍是不可缺少的售票方式。由于车票是有价证券,如果乘客因购买车票发生问题,会对乘客出行造成严重影响,经济上也会有所损失。所以售票员在工作中,不仅应按照服务标准进行良好的服务,还应该加强售票过程中的反复询问和核实,并叮嘱乘客核对手中的票、款,避免发生因误售、误购导致乘客上错车、下错站或耽误乘车时间。

图4-7　人工售票

4 候车服务

城际轨道交通采用的是全封闭式候车厅,所以对候车区域的划分必须合理。根据客流量,每个检票口必须对应一至两个候车区域。候车坐椅的排列应便于乘客看到引导显示屏及检票信息通告牌。针对老、弱、病、残、孕等重点乘客设置的候车区域还应尽可能地设置在洗手间、开水间、室内商业场所附近，以便于其行动。针对高端客户设置的 VIP 服务区(图 4-8)，应提供餐点、休闲、网络等服务。候车厅还应注意光线、温度、广播音量的设置，尽可能为乘客提供舒适的候车环境。候车厅的工作人员应尽力为乘客提供一种无干扰式服务，即在乘客享受安静的同时，关注乘客的行为，在乘客需要的时候及时提供帮助。

图 4-8　VIP 候车区域

5 检票服务

检票口应根据一般客流需求设置相应数量的检票闸机，闸机间距应考虑一般的身材及携带行李的大小。提前检票的时间应根据列车停靠时间、客流量，以及一般乘客自检票进站至上车的走行时间来设定。并设置一个人工检票口，作为客流较大或部分闸机出现故障时，进行人工检票的通道。工作人员在检票过程中应注意为不会使用自动检票机乘客提供帮助。当需要进行人工检票时，切记注意核对票面信息后加剪，避免发生误剪，导致乘客坐错车。并严格执行停检制度，保障乘客人身安全。

想一想

车站停止检票时间应该如何来规定？

一般车站的停检时间为 3min，但是根据车站情况的不同，停检时间略有不同。通常停检时间应考虑乘客由检票口至站台上车的走行时间以及列车起动前车门关闭的时间。由于不同车站由检票口至站台的走行距离不同，所以各个车站对于具体停检时间有相应的规定。

6 重点乘客服务

重点乘客通常指老、弱、病、残、孕等出行时缺乏行为能力，需要工作人员帮助的乘客。针对这类乘客应提供相应的无障碍设施，例如在车站设置重点乘客候车区域、盲道、直梯，提供带有盲文的查询设施及轮椅、担架等；针对孕妇和儿童，还可设置母婴候车区，儿童欢乐园地等。工作人员应该注意观察，发现有需要帮助的重点乘客，主动询问，热情提供帮助。工作人员还应具备手语、急救常识等能力，了解重点乘客的一般心理需求，尽可能做好服务。车站应建立重点乘客服务窗口，重点乘客登记簿，并与列车联系，做到有登记，有交接，有办理，全程帮助重点乘客解决困难，方便乘客出行。

7 做好安全防护工作

城际线路列车的运营速度一般在200km/h以上，目前我国已投入运营的城际列车设计速度达到380km/h，可实现运营速度350km/h以上。列车的起动加速度和制动加速度较高，所以列车在进、出车站时瞬间速度变化较大，给站台客流组织的安全性带来很大威胁。这就对车站客运服务人员的安全意识和防护设施安全性能提出了很高的要求。车站应根据乘客乘降走行路线设置安全警示标志、安全提示语；加强电梯防护，危险地段应设置安全护栏，站台要设置安全线和防滑设施；客运人员应加强安全宣传和安全巡视，在客流密度较高时应确保道路畅通，加强客流疏导，避免发生踩踏跌落事件，保障乘客乘降安全（图4-9）。

图4-9 车站人员在站台加强防护

8 提供具有车站文化的特色服务

不同的城际轨道交通车站其运营模式和设施设备的设置大同小异，所以不同车站应提供带有车站企业文化或所在城市文化色彩的特色服务，让车站之间各具特色，让乘客每到达一个城市就会通过车站的服务对该城市的文化有所感知。

想一想

哪些车站具有特色服务？如果你是一名客运人员，你会为自己的车站设计怎样的特色服务？

4.2 城际轨道交通列车基本服务

乘客经过车站短暂的停留后，其旅行过程中主要时间是在列车上度过的。一般来说，乘客会因旅途中发生的各种问题产生焦虑情绪，这就要求乘务人员将更加细致的服务融入每一个细节之中。

一 迎送乘客服务（图4-10、图4-11）

图4-10　立岗准备迎接乘客上车

图4-11　送别乘客下车

(1)乘客上、下车时,需要在车门前立岗接待乘客,并主动点头问好、再见:“您好,欢迎乘车。”“期待您下次乘车,再见。”

(2)上、下车乘客较拥挤时,应礼貌地提醒乘客:“您好,请您按顺序上、下车,谢谢。”不可大喊大叫训斥乘客。

(3)当遇到老年乘客或行动不便或行李较多的乘客时,应主动提供帮助。

二 车厢服务

1 引导乘客入座

很多乘客乘车经验较少,上了车以后会因为人多拥挤或找不到自己的位置而心情烦躁,客运服务人员应该进行必要的引导。当乘客找不到自己座位时:

(1)要主动上前提供帮助:“您好,您的座次号是多少?”

(2)引导乘客对号入座:“我带您到座位上好吗?请跟我来。”

(3)如果有乘客坐错位置了,需要礼貌地提醒:“您好,麻烦您核实一下车票的座位号,谢谢。”或“您好,我可以看一下您的车票吗?”绝不能直接埋怨乘客。

(4)如果车站售票出现重号,造成一方无坐时,首先需要代表企业道歉,请求乘客的原谅,并及时解决乘客的座位问题,必要时可以将乘客引导到餐车。绝不能置之不理,更不能推卸责任:“这是车站的问题,你们自己协调,我没法解决。”

2 送水服务(图4-12)

(1)客运服务人员送水时,要注意安全,不要烫伤乘客。

(2)倒水前,需要征求乘客的意见,问其是否需要。

(3)倒水时,不要握着杯口,这样会让乘客感觉很不卫生。

(4)给中式茶杯倒水时,杯柄与乘客的右手边成45°角。

(5)不要倒得过满,防止开水溅出烫伤乘客。

(6)倒完水后,要将乘客的杯子放到原来的位置,以防乘客拿错水杯。拿水杯时,应该一手握住水杯把(无把手水杯应拿水杯下部1/3处),一手轻托水杯底部。

(7)如果不小心将水溅到乘客身上或物品上时,应立即擦拭干净,并向乘客道歉。

图4-12 客运服务人员提供送水服务

3 保洁服务

列车的环境能直接反映列车的服务档次。车厢卫生就是列车服务的脸面,除了列车在出库前要对车厢做彻底的保洁外,在运行途中更需要客运服务人员付出艰辛的劳动来保持车厢的整洁。

(1)需要清扫卫生时,应征得乘客的同意。需要乘客协助时,要说:“请您抬抬脚,我将这里给您擦干净,谢谢。”“打扰了,请您把茶杯挪一下,我帮您把餐桌清理干净,谢谢。”

(2)当乘客的行李影响清洁工作时:“您好,我需要清洁一下地面,请把您的行李挪一下好吗?”

(3)当乘客对车厢内的卫生不满意时,客运服务人员要立即道歉:“对不起,今天列车超员，打扫卫生不方便，请您谅解，我马上清扫干净。”

(4)当见到乘客随地扔果皮等杂物时，要耐心地提醒：“请您把杂物放在清洁袋中，我马上帮您清理，谢谢您的合作。”切忌训斥和教育乘客。

(5)清扫厕所和洗面间时，不要敲门催促乘客，要耐心地等乘客用完后再清扫。

4 提醒服务

(1)提醒亲友下车

开车之前，乘客总想和送别的亲友在车厢内多说几句，多聚一会儿，这是人之常情，我们需要给予理解。对于亲友，可以告知车辆出发的时间，并且在开车之前的几分钟礼貌地提醒亲友下车：“对不起，列车马上就要起动了，请您下车，谢谢您的合作。”切忌不要不耐烦或大喊大叫。

(2)提醒乘客保管好随身物品

乘客在车厢门口上车时容易出现拥挤现象，这个时候最容易发生乘客行李物品丢失或者盗窃的事情发生。此外，乘客上车忙于找自己的位置，因而也容易对随身物品有所忽视。这时，客运服务人员要及时提醒乘客：“乘客您好，请注意保管好您的随身物品，以免发生丢失。”同时，也要提醒乘客不要将贵重物品放在车窗的衣帽钩上，以防造成不必要的损失。

(3)提醒乘客下车

客运服务人员需要提醒乘客及时下车，尤其是在夜间行车时，如果有乘客在中途下车时，要提前轻声地唤醒乘客，避免打扰其他乘客休息。

(4)提醒乘客不要抽烟

乘客在旅途中都希望有一个良好的车厢环境，特别是在封闭式车厢内需要全列禁烟。如果客运服务人员对车厢内吸烟的个别乘客提醒不当，会引起不必要的纠纷。当有乘客抽烟时，可以先巧妙地暗示：“您好，这里是无烟车厢。”以使乘客感觉到你维护了他的自尊。如果乘客仍然没有熄灭烟，可以礼貌地提醒：“对不起，为了您和他人身体健康和旅行安全，请您下车后吸烟，好吗？”切忌不要训斥和教育乘客。

提醒服务远远不止这些，只要客运服务人员多一份责任心，多提醒一次，就会给乘客带来很多欣慰，减少很多不必要的麻烦。

想一想

列车还有哪些提醒服务呢？

5 验票补票服务

(1)查验票时，要礼貌当先：“请出示您的车票，谢谢。”绝不能使用“查票了，把票都拿出来”等冷漠的语言。

(2)当有乘客睡着时,要轻声地唤醒乘客,或过后检票,切忌推、摇等接触乘客身体的行为。

(3)如遇到不理睬、不配合的乘客时,要礼貌地提醒:“请出示您的车票,如果您上车之前没有来得及买票,车上可以为您办理补票,以免在出站时给您带来麻烦。”

(4)在验票补票时,要建立在尊重乘客的基础上,决不能有“终于让我逮着你了”的心态。对于没有票的乘客,绝不能将话题引到乘客的品德、修养上。

三 餐车服务

1 餐车服务的基本要求

(1)餐饮服务人员(图4-13)应服饰整洁得体,头发梳理平整,指甲修剪整洁,语言礼貌和气,精神饱满,步态轻盈,手脚利落,观察仔细,及时了解乘客需求,提供满意服务。特别是列车运行到部分线路发生微小晃动时,要求餐饮服务人员走路时脚步要稳、轻、灵、巧,步幅不宜过大。

图4-13　餐车服务人员

(2)乘客就餐时,餐饮服务人员要热情相迎,主动问候:“您好,欢迎您就餐”。按照习惯,要先引导女性入座,如果是一对夫妇或者一对恋人用餐,应该引导到比较安静的位置,对老年或者行动不便的乘客要主动搀扶;男、女独自用餐的乘客,一般不喜欢在中间的位置就餐。重要宾客应该引导到餐车的适当位置就餐,并且要面对列车前行方向。

(3)为乘客递送纸巾等物品时应双手递送。递送东西时,应站在乘客的正面与之成

45°角的地方，双手递送；递送东西应到位，当对方接稳后再松手。

（4）乘客落座后应将餐饮单送上，征求点餐。乘客点餐时，服务员应站在乘客一侧，与乘客保持一定距离，腰部稍微弯下一点，手持餐饮单，认真倾听乘客点餐名称，并做到神情专注、有问必答、百问不烦、主动推销。

2 餐车服务的基本流程

（1）点餐

①餐饮单要在客人面前展开：“您好，请您先看下菜单。”

②主动介绍饮料和餐食的种类。

③回答问询时侧身45°角站立于乘客侧前方，面向乘客，身体微欠，细心聆听。

④对饮料和餐食的种类要心中有数，掌握相关的知识、餐食的文化背景知识，妥善回答乘客的问询。

（2）送餐

①送餐时应向客人表达：“您好，这是您点的×××，请慢用。”

②热饮用具需要事先预热。

③杯垫、饮料、小吃、餐巾纸应按照乘客右手的方向按顺序依次直线铺开。

④注意不要用手碰触餐具的表面。

小贴士

端托盘时，双手端住托盘的后半部分，大拇指握紧托盘内沿，其余四指托住托盘底部；托盘的高度应在腰间以上胸部以下，托盘端平，微向里倾斜；托盘上放置的物品不应过高，以不超过胸部为宜。

（3）收餐具

①收餐盘时，动作要轻柔，忌急躁，注意乘务人员应具备的姿态和表情。

②防止餐盘内的杂物泼洒溅漏。

③回收餐桌布时，应当将餐桌布由里向外折叠好后再收走。

3 餐饮服务细节

为乘客提供餐饮时还应注意一些细节问题，例如为儿童提供热饮时需递给其监护人等。提供餐食服务时，主动介绍餐食品种，汤温度过高时，应及时提醒乘客；为乘客冲泡奶粉时，需同时送上餐巾纸或湿纸巾；禁止将餐饮或杂物从乘客头顶上方掠过，旁边乘客协助递送时需及时向乘客致谢等。

复习与思考

1. 列举车站常用服务项目。
2. 简述具有车站文化特色的服务项目。
3. 简述车站检票服务的注意事项。
4. 列举常见列车服务项目。
5. 简述餐车服务的具体流程和注意事项。

单元5

乘客投诉处理

教学目标

1. 能够分析乘客投诉的原因；
2. 掌握乘客投诉处理的基本原则；
3. 掌握乘客投诉处理的基本步骤；
4. 明确如何才能减少投诉的发生。

建议学时

8学时

任何一个组织,包括企业、政府机关、非营利机构,只要提供产品或服务,都有可能遇到投诉。城市轨道交通运营企业作为一个服务性行业,再加上其公共交通的特性,自然也会不可避免地受到投诉。正确认识、妥善接待和处理投诉是良好的企业形象和一流企业管理水平的体现。因此,作为直接面向乘客的服务人员尤其需要掌握投诉处理的相关知识,处理好乘客投诉,以提高企业运营服务质量,切实维护轨道交通的声誉。

5.1 乘客投诉分析

随着消费者层次的提高,消费者越来越注重者自己的权益问题。以前是多一事不如少一事,但现在越来越多的乘客为了自己的权益会选择投诉。当乘客乘坐轨道交通时,会对出行的本身和企业的服务抱有良好的愿望和期盼值,如果这些要求和愿望得不到满足,就会失去心理平衡,由此就会产生"讨个说法"的行为,这就是投诉。广义地说,乘客任何不满意的表示都可以看作投诉。

一 乘客投诉的分类

1 按照投诉的表达方式分类

乘客感到不满意后的反应不外乎两种:一是说出来,二是不说。据一项调查表明:在所有不满意的乘客中,有69%的乘客从不提出投诉,有26%的乘客向身边的服务人员口头抱怨过,而只有5%的乘客会向投诉管理部门(如客服中心)正式投诉。其中说出来的5%的投诉,乘客所采取的表达方式可以分为以下三种:

(1)当面口头投诉(包括向公司的任何一个职员)。

(2)书面投诉(包括意见箱、邮局信件、网上电子邮件等)。

(3)电话投诉(包括热线电话、投诉电话等)。

2 按投诉的内容分类

按投诉的内容主要可以分为:车站服务、列车运行、乘车环境、票款差错等。

3 按投诉的性质分类

按投诉的性质可以分为有效投诉和无效投诉。当乘客投诉属于正当权益维护时，则视为有效投诉；如果乘客投诉属于无理取闹型，则视为无效投诉。

二 乘客投诉产生的过程

一般来说，在投诉之前乘客就已经产生了潜在化的抱怨，即对列车运行或者服务存在一定的不满。潜在化的抱怨随着时间推移就变成显在化的抱怨，而显在化的抱怨作为投诉的一种形式，很有可能会转化为正式投诉。具体过程如图5-1所示。

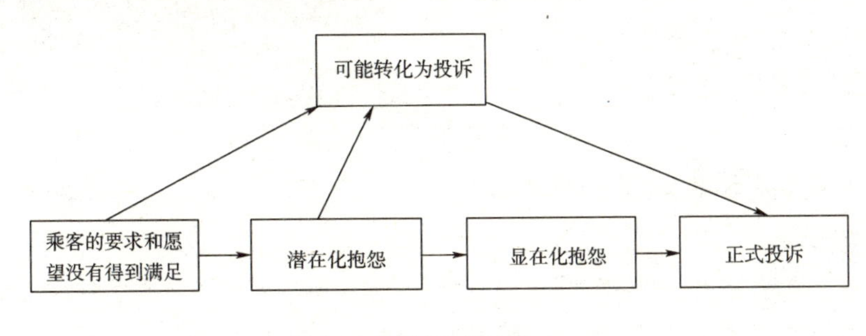

图5-1　投诉产生的过程

三 乘客投诉的原因

乘客感到不满的原因有很多，有时候他们的愤怒是有道理的；而有时候，可能他们是在无理取闹。无论有没有道理，都要牢记"乘客投诉都是有原因的"。要想消除他们的不满，就必须找到引起他们不满意的原因(表5-1)。

乘客投诉原因　　表5-1

乘客自身原因	企业服务的原因
1. 之前因某人或某事(老板、配偶、孩子、同事等)而心烦意乱； 2. 想找个地方发泄； 3. 本来就是个强词夺理，不考虑别人感受的人； 4. 心情不好，看谁都不顺眼	1. 设备设施故障影响出行； 2. 乘客等候多时，没人理睬； 3. 服务人员说话态度不好，不尊重乘客； 4. 服务人员的工作效率太低，乘客无法忍受； 5. 服务人员作出的承诺没有兑现； 6. 服务人员没有足够能力来解决乘客的问题； 7. 乘客的利益遭受损失

想一想

2010 年 9 月，北京地铁某车站，一位乘客来到售票窗口（图 5-2）要求为储值票充值，因为是客流高峰期（北京地铁规定客流高峰期不能提供充值服务），售票员没有解释原因，直接就态度生硬地说："不能充值。"该乘客要求解释原因时，售票员不耐烦地用手指了指旁边的告示，接着就给下一位乘客售票。该乘客认为该售票员态度恶劣，并和售票员发生了争执。售票员认为制度规定了客流高峰期本来就不能充值，觉得自己没有做错。乘客不满，事后投诉。

图 5-2　售票窗口

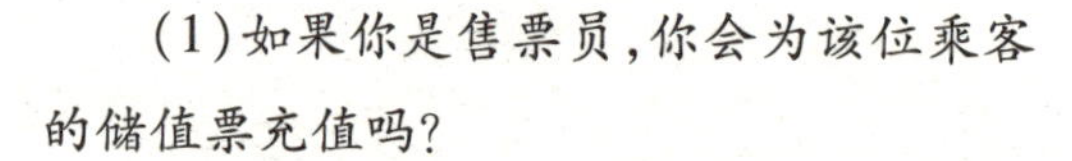

讨论：

（1）如果你是售票员，你会为该位乘客的储值票充值吗？

（2）在整个事件中，引起乘客投诉的原因有哪些？其中哪个是乘客投诉的最主要原因？

（3）在乘客来充值时，售票员应该如何处理来避免乘客投诉？

（4）如果你是售票员，和乘客发生争执时，你会如何处理？

四　认识投诉

只要是服务行业，就无法避免消费者的抱怨和投诉，即使是最优秀的服务企业，也不可能保证永远不发生失误或引起投诉。作为城市轨道交通的客运服务部门，在服务过程中引起乘客投诉是很正常的，不能一味地恐惧投诉，厌恶投诉。需要对投诉有一个清醒的认识，这样才能更好地处理投诉，更有效地改进服务工作并提高服务质量。

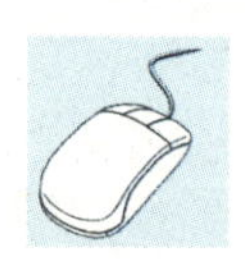

知识链接

美国白宫全国消费者调查统计

美国白宫曾作过一次全国消费调查：即使是不满意，还会选择该服务的顾客有多少？

（1）不投诉的顾客中，只有 9% 的不投诉顾客表示会再次选择该项服务，有 91% 的顾客表示不会再次选择该服务。

（2）投诉后没有得到有效解决的顾客中，19% 的顾客表示会再选择该项服务，81% 的顾客表示不会再次选择该服务。

(3)投诉后但得到解决的顾客中,54%的顾客表示会再选择该项服务,但有46%的顾客表示不会再次选择该服务。

(4)投诉得到迅速解决的顾客中,82%的顾客表示会再选择该项服务,有18%的顾客表示不会再次选择该服务。

(5)在不满意的顾客中,只有4%的顾客会投诉,96%的顾客不投诉,但会将自己的不满告诉20人以上。

以上数据表明,不投诉比投诉更可怕。顾客遇到问题,如果选择不投诉,对企业来说是一大损失。因此,不仅应该鼓励顾客投诉,而且,要以最快的速度化解顾客的不满和抱怨,真诚地为他们解决问题,积极采取补救措施。

作为直接面向乘客的服务人员,应当以积极和欣赏的态度来看待投诉。

(1)重视投诉。乘客的投诉大多是刺耳尖锐的、直接的、不留余地的。许多服务人员把投诉当成一个“烫手山芋”,希望最好不要发生。可是对于一家公司来说,没有投诉的声音却未必是个好消息。因为通过投诉往往可以暴露服务的薄弱环节。

(2)欢迎投诉。乘客的投诉能给企业机会以回顾和检查在乘客服务中不合适的方面。在投诉处理过程中,服务人员可以向乘客解释企业的规定和标准,从而使乘客和企业能够更好地理解和沟通。因此,作为服务人员,既不需要对投诉感到尴尬,也不需要带有畏惧和抵触的心理。

5.2 乘客投诉处理的原则

客运服务人员每天都会面对成千上万的乘客,在服务过程中,一句不负责任的话、一个不规范的动作、一种生硬的态度等都可能引起乘客的不满而产生投诉。乘客的投诉千差万别,处理投诉也没有一成不变的方法,但面对乘客的投诉如果能牢记并把握以下四个原则,往往能收到很好的效果。

一 安全第一、乘客至上的原则

当接到乘客投诉时,首先要站在乘客的立场上考虑问题:“一定是我们的工作没有做好，给乘客带来了不便”，同时还要相信，乘客的投诉总是有他的理由。这是一个非常重要的观念，有了这种观念，客运服务人员才能用平和的心态处理乘客的抱怨和投诉，并且会对乘客的投诉行为给予肯定和感谢。

安全第一、乘客至上就是指在保证地铁安全的前提下，客运服务人员应最大限度地满足乘客需求。只有了解了乘客的需求，才能对症下药，才能向乘客提供优质的服务。

案例

2005 年 1 月，两名成年人抱着两个大纸盒进站，经工作人员询问后，纸盒内装着电脑显示器，工作人员礼貌地提醒：“先生您好，为了您和其他人的安全，按规定我们不能让您进站。”乘客不理解，不满地说：“为什么不可以，新买的显示器能有什么危险？”该乘客认为客运服务人员故意为难他，和客运服务人员发生争执。

图 5-3　地铁进站口

客运服务人员 A：为了不和乘客发生冲突，就先让乘客进站，反正是新买的，不会出现问题。

客运服务人员 B：一定不能让该乘客进站，即使发生冲突，也不能让其进站。

请问：你赞同哪一名客运服务人员的做法？为什么？

事件分析：

乘客不清楚乘坐地铁的相关规定，认为新的显示器没有任何危险是这次争执发生的主要原因。

注意事项：

（1）地铁的规章制度是不能违反的，在地铁里面应时刻记住“安全第一、乘客至上”的原则。

（2）态度强硬、固执的乘客是有的，作为客运服务人员还是应该耐心地解释地铁相关规定。

（3）让乘客了解，他的情况我们很难处理，但不能埋怨，要从乘客的角度去考虑，了解乘客的需求。如果乘客已经购票，返回票款收回票卡；乘客如果认为东西太重，不愿意出站,可以寻求其他同事帮助乘客。总之,作为客运服务人员,一定要从乘客角度出发考虑处理问题的解决方案。

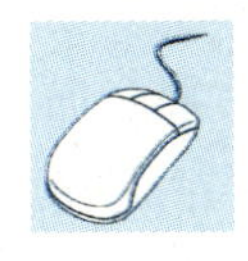

知识链接

不同性格乘客的服务要求

不同类型的乘客对服务的需求也有所不同,只有准确判断乘客的类型并进一步把握其性格特点,采取适当的服务措施,才能更好地做到从乘客角度出发。

(1)温和型乘客。温和型乘客性格随和,对自己和别人没有更多的要求,他们比较容易理解别人,注重任何人之间的友好亲切关系。

面对这种乘客,客运服务人员更要以礼相待,以情感人,千万不能因为对方的宽容而忽视了对其的服务,让服务缩水。

(2)独断型乘客。独断型乘客十分自信,有很强的决断力,感情激烈,不容易接受和理解别人,轻易不改变自己的看法和观点,希望每个人都认同他的观点,并满足他的需求。这种类型乘客最不能容忍被怠慢或者不被尊重,是投诉最多的乘客。

面对此类型的乘客时,要镇定自如,始终保持目光的交流,不能怯场,因为这种类型的乘客不愿意听取别人的意见,对于该种类型乘客的服务一定要先征求意见,不然很有可能双方都不愉快。

(3)分析型乘客。分析型乘客的特征是做事非常认真,要求客运服务人员每说一句话都要非常准确,不能有任何含糊的地方。通常分析型乘客说得少,听得多,动作缓慢,表情少,他们的文化素质一般较高,逻辑能力强,讲道理,不接受不公平待遇,但可以接受合理的解释,善于维护自己的权益,对服务不满时往往会说:“这不是理由……”

在跟该类型乘客沟通时,说话要有条理性,逻辑性,如果遇到这种乘客提意见,客运服务人员要注意真诚对待,讲清事实,争取得到理解。

(4)内向型乘客。这种类型的乘客生活比较封闭,对外界事物冷漠,和陌生人保持相当的距离。对客运服务人员的态度、言行、举止非常敏感,他们大都排斥客运服务人员的过分热情。

由于这种乘客比较腼腆,因此客运服务人员看他时目光一定要和蔼,但目光对视不宜过长,以免给乘客造成心理压力。

(5)自我型乘客。自我型乘客是最挑剔的,他们以自我为中心,从来不站在他人的立场上考虑问题,并且绝对不允许利益受到损害,有很强的报复心理,性格敏感而不讲道理,无理也要辩三分。

对待这样的乘客,客运服务人员要控制好情绪,以礼相待,如果有做得不周之处要立即道歉,尽管对方的语言会十分尖刻,但客运服务人员也要包容他,不能发生争执。否则,会引起更多的麻烦。

二 不推脱责任的原则

很多客运服务人员面对乘客投诉的第一反应是:“是我的责任吗?”“如果乘客向上级投诉,我应该怎么解释?”。他们常常会说:“如果是我的问题,我一定帮您解决。”这看似十分礼貌,但却是一个十分糟糕的开头。客运服务人员必须清楚地认识到,乘客既然选择投诉就压根没有想到是自己的错,而是想从你那边得到心理安慰,让你重视他的投诉。

面对乘客投诉和不满情绪,客运服务人员首先要反思自己的不足,向乘客道歉,只有表明了这种态度,才能更好地处理乘客投诉。

想一想

2009 年 1 月,一位乘客手持 50 元人民币到某车站购票乘车,由于列车将要进站,乘客急急忙忙拿了找零的钱就往站台走,到了进站口才发现自己的车票没了,乘客认为刚才慌乱中忘记拿票卡了,随即返回售票处向售票员反映,售票员认为不拿车票是乘客自己的失误,认定乘客自己把车票丢失了,不予理睬,随后与乘客发生争执。

讨论:

上述事件中,售票员有哪些地方处理不当?应如何处理和改善才能减少乘客投诉的概率?

三 先处理情感,后处理事件的原则

美国有一家汽车修理厂,他们有一条服务宗旨很有意思,称为“先修理人,后修理车”。什么叫“先修理人,后修理车”呢?一个人的车坏了,他的心情会非常不好,你应该先关注这个人的心情,然后再关注汽车的维修。对于城市轨道交通运营企业来说也是如此,每一位投诉的乘客,心情都不好,在处理时,需要先关注这个人的心情,让乘客先平息怒气,然后再想办法帮助乘客解决问题。

案例

2009 年 1 月,×××车站的客服中心前排起了长队(图 5-4),因为有一位乘客丢失贵重物品请求工作人员的帮助。好不容易办完了此项业务,刚要给排队的乘客办理售票,另一名工作人员带领一位乘客过来,该位乘客的票不能出站,售票员随即给这位乘客办理，此时排在队首的乘客变得不满："你们怎么做服务的，怎么先给后来的人服务啊？"售票员急忙解释："按公司规定，我们需要先为不能出站的乘客服务。"乘客不听解释："让你们领导过来，我要投诉。"恰好值班站长经过，听了售票员的解释以后，对乘客说："您好，我们的售票员没有做错，公司确实是这样规定的。"乘客不满意，继续进行投诉。

图5-4　客服中心前排起的长队

事件分析：

(1)工作人员在给乘客提供服务时，没有顾及其他乘客的心态，导致乘客产生不满情绪。

(2)当乘客抱怨自己的不满时，售票员没有第一时间安慰乘客，只是为自己的行为辩解，乘客的不满没有得到安抚。

(3)值班站长到场时，没有耐心倾听，便急着向乘客解释售票员没有做错，忽视了乘客的情感需求。

(4)值班站长漠视乘客的抱怨，没有从乘客角度出发，没有耐心倾听投诉是导致乘客最后投诉的主要原因。

服务技巧：

(1)售票员在为丢失物品的乘客服务时，花费时间较多，应该及时联系车站控制室，请求其他工作人员协助。

(2)当发现乘客有不满意的情绪时，应第一时间给予安抚，并找其他同事协助办理，而不应该第一时间向乘客解释，推脱自己的责任。

(3)值班站长到场时，应先耐心地倾听乘客的投诉，并表示虚心接受乘客的意见。

(4)值班站长不能直接指出售票员没有错，而是应该向乘客委婉地解释，并表示歉意，给乘客一个台阶。

四 包容乘客的原则

包容乘客就是指客运服务人员对乘客的一些错误行为给予理解和宽容。包容乘客的核心是善意的理解。当发现乘客的某些行为违反规定时，只要给予乘客善意的提醒即可。站务员要懂得体谅乘客，避免让乘客处于难堪的状态。虽然乘客的投诉并不都是对的，但那种得理不让人的解决方法，必将会造成双方的关系紧张而不利于问题的解决。如果客运服务人员能够包容乘客，那么由此而引发的冲突就能及时避免。

案例

某日，一位妈妈带着孩子在站台上候车。孩子刚喝完饮料，妈妈随手将饮料瓶扔到了地上，给孩子擦完嘴之后，又随手将纸巾扔到了地上。此时，客运服务人员上前制止，要求其将饮料瓶和纸巾放回垃圾桶里，并且嘀咕道：真没素质，孩子还在身边呢，以后怎么教育孩子。这位乘客不乐意，和客运服务人员争吵了起来……

事件分析：

(1)客运服务人员制止乘客乱扔东西的行为值得肯定。

(2)客运服务人员在制止乘客时带有主观情绪，对乘客犯错进行直接指责，而且态度不好，让乘客觉得难堪。

服务技巧：

(1)在发现乘客有违规行为时，要特别注意服务态度，使用礼貌用语。

(2)要以宽容的心对待乘客的错误，耐心地对乘客进行解释教育和提醒，给乘客一个承认错误、改正错误的台阶。

5.3 乘客投诉处理的基本步骤

在处理投诉的过程中，会遇到不同类型的乘客。除了要好好把握处理乘客投诉的基本原则外，还需要掌握处理乘客投诉的基本步骤，只有这样才能更好地为乘客服务，提升城市轨道交通企业的服务质量。其基本步骤如下。

一 用心倾听

抱怨的乘客需要有忠实的听众，工作人员喋喋不休的解释只会让乘客感觉在推卸责任,从而使乘客的心情更差。面对乘客的投诉,工作人员需要掌握倾听的技巧,从乘客的抱怨中找出真正的原因以及其所期望的结果。因此,倾听乘客的投诉不仅能够了解整个事件的经过,同时还能掌握事情发生的细节,确认问题的实质所在。那么如何更好地倾听呢?

倾听是一种情感活动,是要真正理解对方所表达的意思。想要做到用心倾听,需要注意以下几点:

(1)要有耐心。在乘客投诉的过程中,切忌不要轻易打断乘客,要仔细思考乘客提供的信息。应该花80%的时间去听,给乘客80%的时间去讲。倾听过程中要保持冷静的心态,不受其他事物的影响。

(2)学会回应。倾听的过程中要运用眼神、表情等非语言传播手段来表示自己在认真倾听。尽可能以柔和的目光注视着对方,并通过点头等方式及时对对方的谈话作出反应。

(3)用心。站在乘客的角度考虑问题,将心比心地感受乘客的心情。这是真正能听到乘客心声的好办法,是乘客服务中不可或缺的沟通技巧。

(4)不要挑对方的毛病。倾听时不要当场提出自己的批判性意见,更不要与对方争论,尽量避免使用否定别人的回答或评论式的回答。如“不太可能”、“我认为不该这样”等。应该站在对方的立场去倾听,努力理解对方所说的每一句话。

用心倾听的具体做法见表5-2。

用 心 倾 听 表5-2

正确做法	不正确做法
1. 乘客投诉到车站时,应先请乘客坐下并及时给乘客倒水,表示对乘客的尊重; 2. 乘客叙述时要用心倾听,让乘客发泄情绪。在倾听过程中,可以插入“那么,然后呢”、“噢,原来是这样”等话语; 3. 不要轻易打断。如果有不明白的地方,要等乘客说完后,以婉转的方式请乘客提供情况,如:“对不起,是不是可以再向您请教……?” 4. 适当安抚乘客情绪。如:“请您别着急”、“您先消消气”等; 5. 适时表示赞同。如:“我很理解您的感受”	1. 态度冷漠,对乘客的话没有回应; 2. 观点不同时,粗暴地打断乘客; 3. 表示出不满或不耐烦

小贴士

倾听的目的是让乘客把想说的话都说出来,让乘客一吐为快,然后才有协商的余地。其实有些乘客只要能全部倾吐就能解决全部问题,由于有些员工态度不佳引发乘客对该员工的不满,是得不偿失的。

二 真诚道歉

当乘客抱怨或投诉时,无论是否是工作人员的原因,都要诚心地向乘客道歉,并对乘客提出的问题表示感谢。尤其是在工作确实有过失的情况下,更应该马上道歉。如“对不起,给您添麻烦了。”这样,可以让乘客感到自己受到了重视。具体做法见表5-3。

真 诚 道 歉 表5-3

正确做法	不正确做法
1. 适当地表示歉意。让乘客了解你非常关心他的情况,如:“我们非常抱歉听到此事。” 2. 道歉要诚恳。如:“对不起,耽误您的时间了”	1. 认为自己的行为没有错误,拒绝道歉; 2. 道歉缺乏诚意,语音语调或肢体语言表现出不乐意或不耐烦

三 协商解决

在听完乘客投诉之后,工作人员首先要弄清楚乘客投诉和抱怨的原因,了解乘客的想法,切忌在没有了解乘客想法之前就自作主张地直接提出解决方案。在协商解决时,不要推卸责任,指责或敷衍乘客。在明白乘客的想法后,首先,要十分有礼貌地告知乘客将要采取的措施,并尽可能让乘客同意。如果乘客不知道或者是不同意这一处理决定,就不要盲目地采取行动。具体做法见表5-4。

协 商 解 决 表5-4

正确做法	不正确做法
1. 平复乘客的不满情绪。如:“我很能理解您的想法。” 2. 主动提出建议和解决方法。如果是因为票卡(款)等问题,可以根据乘客的意见和表现出来的意思,结合实际情况,提出措施;如果是因为对服务人员的态度不满,则要考虑采取让服务人员本人道歉或由值班站长替代道歉等办法,平息乘客的不满情绪; 3. 耐心地解释地铁的相关规定; 4. 提出解决方案时,应语调平和,态度诚恳,不要再次引起乘客的不满情绪。如:“这样处理,您满意吗?”“我们这样办,您看合适吗?”	1. 推卸责任、极力辩解; 2. 指责乘客; 3. 敷衍乘客

小贴士

请记住:在协商解决时,不要说“不”。如果你用“我不能”、“我不会”、“我不应该”这样的话语,会让乘客感到你不能帮助他。你可以反过来这样说:“我们能为您做的是……”,“我很愿意为您做……”,“我能帮您做……”,这样,乘客的注意力就会集中在可能解决的办法上,你就能创造一个积极正面的解决问题的氛围。

想一想

如果乘客之间发生冲突了,工作人员如何处理?

四 行动

乘客同意处理意见后,工作人员需要说道做到,而且是马上做到,速度很关键。如果有些措施无法当场兑现,或遇到一些投诉,被投诉的员工不在现场的情况,可以采取电话道歉、书面道歉等处理方式。

小贴士

一旦发生投诉必须马上处理。拖延处理乘客的投诉,是导致乘客产生新抱怨的根源。即使是与车站员工无关的投诉也应代表车站主动承担解决矛盾的责任。

五 感谢乘客

对待乘客的投诉一定要表示感谢,感谢乘客选择我们的服务并发现服务中的不足。因为这些批评指导意见会协助企业提高管理水平和服务质量。具体做法见表5-5。

感　谢　乘　客　　表5-5

正确做法	不正确做法
1. 对乘客表示感谢。如:“谢谢您的配合”、“非常感谢您的建议。” 2. 必要时送乘客出站,让乘客感到自己受到重视	1. 怠慢乘客,自己先行离开; 2. 让乘客自行离开

六 常见问题的解决要点

1 问题1:乘客提出批评或建议

解决思路:

(1)乘客提出的批评实际上可以促进车站的工作,我们应该谦虚谨慎,热情对待。

(2)当自己确实出现工作失误而引起乘客不满时,要虚心接受,诚心诚意地向乘客表示感谢和道歉,并在工作中改进。

(3)如果乘客批评的问题与实际有出入,也应该耐心地听完乘客的批评或建议,抱着"有则改之,无则加勉"的正确态度,可在表示欢迎和感谢的基础上,适当做一点解释。

(4)如乘客提出的批评与自己无关时,要抱着关心的态度对待乘客,切忌态度冷漠、语言生硬,必要时可以交给上级处理。

2 问题2:乘客在车站内发生伤害(如被车门夹伤、在扶梯处摔倒)等情况

(1)安抚乘客情绪,了解伤害状况。

(2)当乘客提出要去医疗机构检查的要求时,应按照地铁相关规定进行处置,必要时应该让工作人员同乘客一起去医疗机构就诊。

(3)在处理乘客伤害过程中,切忌推诿或拒绝其就医要求。对未发生伤害的乘客,要耐心地向乘客解释,讲明公司的规定,必要时,向上级报告,求得解决办法。

5.4 乘客投诉案例分析

一 案例一

2010年1月,有两位乘客持同一张公交一卡通进站,当一名乘客刷卡进站后,把一卡

通给了同行的人，另外一名乘客无法刷卡进站，因客流量较多，该站票务员没有问清原因，直接对一卡通进行了进站更新，另外一名乘客也顺利进站，但出站时被客运服务人员发现，要求其补票。乘客不满意，认为已经刷过两次并扣完钱了，坚持不肯补票，客运服务人员则主观臆断他们违规使用车票，故意逃票，发生争执。

1 投诉原因分析

(1)票务员帮助乘客更新车票时没有了解和确认原因，造成一票多人进站，给后来纠纷的发生埋下了种子。

(2)乘客不清楚票务政策，认为已经扣过两次钱，导致乘客和客运服务人员发生争执。

(3)客运服务人员主观意识过强，认为是乘客故意逃票，导致乘客和客运服务人员的纠纷升级。

2 投诉处理技巧

(1)发现情况后，客运服务人员不能主观臆断，应该礼貌地先了解原因。

(2)对票务员的工作失误向乘客表示抱歉，并向乘客做好票务政策的解释，注意在和乘客沟通的过程中应耐心地使用礼貌用语。

(3)如果乘客同意补票，客运服务人员应向乘客表示感谢。如："谢谢您的理解和配合。"

3 改善措施与建议

员工在处理乘客车票时，应加强工作的责任心。当乘客持一卡通无法进站时，应先向乘客确认是否是一票多人进站。

二 案例二

2010年2月，有一名乘客来到乘客服务中心，认为大概半小时以前售票员少找给他50元钱，售票员在听取情况后，个人认为不会少找钱给乘客，直接就和乘客说："我都售票这么长时间了，不可能出现少找给您钱的情况。"乘客很激动，开始指责售票员，并要求找值班站长投诉……

1 投诉原因分析

(1)售票员在售票过程中，没有严格按照售票作业程序进行售票，导致乘客怀疑售票员少找钱给他，是和乘客发生纠纷的主要原因。

(2)当乘客回来说少找钱的时候，售票员没有认真做好乘客安抚工作，而是一口咬定自己没有少找钱，导致乘客情绪激动。

2 投诉处理技巧

（1）当乘客认为票款不符时，应耐心地向乘客解释：“对不起，我们的票款是当面点清的，请您再确认一下您的票款是否正确，多谢。”

（2）如果乘客坚持认为少找钱，应先安抚乘客，平息乘客的情绪，然后提出解决方案：请求上报车站控制室进行查账，最终确定乘客的反应是否属实。

（3）如果属实，需要向乘客道歉，并退还少找的钱款；如果不属实，应该耐心地向乘客解释，做好安抚工作：“对不起，经我们查实，我们的票款没有差错，请您谅解。”如果乘客为难工作人员，可以请求公安的配合。

3 改善措施与建议

售票员应该严格按照标准售票作业程序操作，并提醒乘客当面点清票款。

三 案例三（图 5-5）

某日，客流高峰期，乘客非常多，车门即将关闭的提示音已经响起，一位乘客企图冲上车，被一位客运服务人员拦住了（因为客运服务人员觉得很危险，拽了这个乘客一下，可能是弄痛了乘客）。这位乘客非常气愤，直接就骂了句粗话，说：“你以为你是谁啊，你凭什么拉我，弄伤了你负责啊，……” 客运服务人员态度也不是很好：“你没看见车门关上了呀，……”，两个人争吵了起来……

图 5-5　乘客上车情景图

1 投诉原因分析

（1）客运服务人员为了乘客的安全阻止乘客上车，这个出发点是对的。但客运服务人员和乘客发生了直接的碰撞，这是乘客生气的主要原因。

(2)在乘客怒气冲冲地抱怨时,客运服务人员没有意识到自己做法的不当之处,不仅没有向乘客道歉,反而和乘客争执了起来,使冲突升级。

2 投诉处理技巧

(1)先向乘客表示歉意:“不好意思,刚刚弄痛您了,……,请原谅。”

(2)平息乘客的情绪后,向乘客解释原因并善意地提醒乘客要注意乘车安全,并对乘客的配合表示感谢。

3 改进措施与建议

(1)在阻止乘客上车时,应尽量避免和乘客发生直接碰触,减少纠纷的发生。

(2)在遇见有乘客说粗话骂人时,不应该给予直接反击,只能提醒乘客,否则只能使冲突升级。

复习与思考

一、简答题

1. 什么是乘客投诉?产生乘客投诉的原因有哪些?
2. 简述处理乘客投诉的基本原则。
3. 简述处理乘客投诉的常用技巧。

二、案例分析

某日,一名男性乘客拿着伤残军人证换福利票,经售票员辨认是伪造证件,售票员丝毫没有顾及乘客的面子,大声指出该证件是伪造的,不同意为其换取福利票。乘客觉得没有面子,开口就骂“×××××,我的证件没有问题,……”和售票员吵了起来,影响了售票员对后面乘客的服务。一分钟之后,客运服务人员请求值班站长协助处理,乘客边骂边离开了车站。

思考:

(1)在该案例中,售票员哪些地方做得不合适?

(2)乘客和售票员争吵的主要原因是什么?如何避免该乘客再次利用伪证?

(3)如果你是售票员,你会如何处理?

三、角色扮演(分组完成)

1. 根据地铁实际情况,举出一个发生乘客纠纷的事件。

2. 研讨事件处理的经过。

3. 完成表5-6的填写内容。组员分角色扮演值班站长、客运服务人员、乘客等角色，并分组表演。

表5-6

1	日期：	时间：
2	参与者	
	姓名	扮演角色
3	演练情景	

参考文献

[1] 刘莉娜. 城市轨道交通客运组织[M]. 北京:人民交通出版社,2010.
[2] 董正秀. 铁路客运服务礼仪[M]. 北京:中国铁道出版社,2006.
[3] 宏阔,刘小红. 航空服务礼仪概论[M]. 北京:中国民航出版社,2008.
[4] 尹志坤. 旅客列车乘务细节与礼仪[M]. 北京:中国铁道出版社,2006.
[5] 铁道部运输局. 动车组服务礼仪,2007.
[6] 铁道部运输局. 动车组站车客运人员服务规范,2007.
[7] 北京京港地铁有限公司. 乘客服务指导手册,2010.
[8] 上海申通地铁集团有限公司和轨道交通培训中心. 城市轨道交通车站客运服务[M]. 北京:中国铁道出版社,2010.
[9] 裴瑞江. 城市轨道交通客运组织[M]. 北京:机械工业出版社,2009.
[10] 李霞. 大学生礼仪指导与训练[M]. 北京:首都经济贸易大学出版社,2009.
[11] 广州地铁车务一部. 站务员应知应会,2006.